受講者用 はじめての

介護入門研修テキスト

「介護に関する入門的研修」テキスト

一般社団法人 介護福祉指導教育推進機構 理事

木村 久枝

［編著］

KOYU 厚有出版

はじめに

　日本の人口（総人口）は2019（令和元）年5月30日現在、1億2,620万人です。人口は少子化の影響でここ10年減少し続け、今年も前年同月に比べて27万人減少しています。一方、65歳以上（高齢者）の人口は増加傾向にあり、前年同月に比べて39万6,000人の増加で、3,561万1,000人になりました。高齢者が人口に占める割合を高齢化率といいますが、これは28％になり超高齢社会を維持しています。

　この状況から介護を必要とする人が増え、さらに団塊の世代が高齢者となる中で、確実に介護を必要とする人たちが増える状況で、介護に携わる介護人材の不足という課題が浮き彫りになってきました。

　これまでも現場での実践課程（実務者研修・初任者研修など）や、介護福祉士の養成課程などで、様々な介護に携わる多くのキャリアを積んだ人たちを輩出してきましたが、まだまだ不足しています。

　そこで国は、「入門的研修」をつくりました。この研修は、介護に関心をもつ介護未経験の人向けの、基本的な知識・スキルを身につけるための研修です。カリキュラム時間数は21時間と初任者研修（130時間）よりも短いため、受講しやすい研修といえるでしょう。入門的研修は都道府県及び市区町村（民間団体への委託も可）によって実施されています。研修を修了すると修了証明書が発行されます。

　本書は高齢者がこれまでと同じように地域でいきいきと暮らせるように、高齢者の特徴や、介護に携わる上で必要なことなど、多くの人が不安に感じていることをわかりやすくまとめました。日常に役立つ介護に関する基本的な、知識・技術・倫理観をこの本で学んでいただけたら幸いです。そして多くの方が介護福祉分野で活躍し、地域社会の担い手となっていただけることを心より願っています。

一般社団法人 介護福祉指導教育推進機構　理事

木村　久枝

本書の特長と使い方

○本書の特長

　入門的研修のほとんどは、本を主体としたテキストに講師自身が工夫したパワーポイントのスライドを補助テキストとして使って行われていますが、特に「入門的研修」は高齢者の受講者が多く、スライドによる説明を求める声が大変多くあります。

　本書は、「本とスライドを一体化したテキストが欲しい。」という現場の講師のご要望にお応えして生まれた実践テキストです。

講師用テキスト＋
ＣＤスライド＋
受講者用テキストで
生きた授業が行えます！

○本書の使い方

　入門的研修の受講者は、若年層から年配者まで非常に幅広い方々が受講されるため、従来のテキストだけの講義では受講者の関心を獲得できているとはいえません。

　また、介護の授業は、介護の動作や具体的な動きについての説明が多いため、講師の方々はテキストのほかにパワーポイントによるスライドを駆使して授業を進めていくことが多いのが現状ではないでしょうか。

　そこで本書は、テキストとスライドをセットして講師の方々が実践の場ですぐに使えるように、「講師用」は指導用の解説を入れ、「受講者用」はノート欄のスペースを十分に確保して、誰でもが気軽にスライドを見ながら講義を受けることができます。

　また、受講者自身に考えてほしい箇所については、【やってみよう！】【考えてみよう！】のスライド場面を設け、各自が介護体験をイメージできるようにしてあります。

　これにより、実際に経験することによって、より理解が深まるテキストとなっています。

○CDについて（講師用テキストのみ収録）

　講師用テキストには、本書で掲載しているスライドデータ（PowerPoint2016およびPDF）を巻末のCDに収録しています。ファイルは各章ごとにわかれておりますので、選択してご使用ください。ご使用の環境によってはPowerPointのレイアウトが崩れる場合がございますので、その際はPDFをご使用ください。

研修内容及び研修時間数

	研 修 科 目	研修時間数	研 修 内 容
基礎講座	介護に関する基礎知識	1.5時間	○介護に関する相談先（市区町村の窓口、地域包括支援センター、居宅介護支援事業所） ○介護保険制度の概要（サービスの種類、利用手続き、利用者負担など） ○介護休業制度などの仕事と介護の両立支援制度の概要（介護休業や介護休暇などの内容や利用手続きなど）
	介護の基本	1.5時間	○介護における安全・安楽な体の動かし方（ボディメカニクスの活用） ○介護予防・認知症予防に使える体操（介護予防の理解、手軽に取り組める指先や手などを使った体操の紹介）
入門講座	基本的な介護の方法	10時間	○介護職の役割や介護の専門性 ○生活支援技術の基本（移動・移乗、食事、入浴・清潔保持、排泄、着脱、整容、口腔清潔、家事援助などに係る介護や支援の基本的な方法） ○老化の理解（老化に伴う心身機能の変化と日常生活への影響など）
	認知症の理解	4時間	○認知症を取り巻く状況（認知症高齢者の今後の動向や認知症に関する施策など） ○認知症の中核症状とBPSD、それに伴う日常生活への影響や認知症の進行による変化 ○認知症の種類とその原因疾患、症状、生活上の障害などの基本的な知識 ○認知症の人及びその家族に対する支援や関わり方
	障害の理解	2時間	○障害の概念や障害者福祉の理念（ノーマライゼーションやICFの考え方） ○障害特性（身体、知的、精神、発達、難病など）に応じた生活上の障害や心理・行動の特徴などの基本的な知識 ○障害児者及びその家族に対する支援や関わり方
	介護における安全確保	2時間	○介護の現場における典型的な事故や感染など、リスクに対する予防や安全対策、起こってしまった場合の対応などに係る知識 ○介護職自身の健康管理、腰痛予防、手洗い・うがい、感染症対策などに係る知識
合計時間数		21時間	

目　　次

はじめに

本書の特長と使い方

研修内容及び研修時間数

第1章　介護に関する基礎知識（基礎講座1.5時間） ……………………… 15

❶　介護を取り巻く環境 ……………………………………………… 16

　(1)　人口の構造 ………………………………………………………… 16

　　スライド1　人口ピラミッド

　(2)　平均寿命と健康寿命 ……………………………………………… 17

　　スライド2　平均寿命と健康寿命の差

　(3)　高齢者を取り巻く環境 …………………………………………… 18

　　スライド3　65歳以上の高齢者の日常生活に影響のある者率

　　スライド4　65歳以上の者のいる世帯数及び構成割合（世帯構造別）と全世帯に占める65歳
　　　　　　　　以上の者がいる世帯の割合

　　スライド5　65歳以上の要介護者などの性別にみた介護が必要となった主な原因

❷　介護保険制度とは ………………………………………………… 20

　(1)　介護保険制度の仕組み …………………………………………… 20

　　スライド6　介護保険制度の仕組み

　(2)　介護保険で受けられるサービス ………………………………… 21

　(3)　介護サービスを利用するには …………………………………… 22

　　スライド7　介護サービスの利用の手続き

　　①　申請 ……………………………………………………………… 22

　　②　要介護認定 ……………………………………………………… 22

　　スライド8　保険給付と要介護状態区分のイメージ

❸　仕事と介護の両立支援制度 ……………………………………… 24

　(1)　介護休業制度 ……………………………………………………… 24

　(2)　介護の環境整備（介護人材確保のための総合的な対策） …… 24

　(3)　地域共生社会の実現 ……………………………………………… 24

第2章　介護の基本（基礎講座1.5時間）……………………………………………… 25

■ 介護を必要とする人の理解 ………………………………………………………… 26
⑴　高齢者と介護………………………………………………………………………… 26
　　スライド1　要介護状態区分別の状態像
⑵　高齢者の住みたい場所……………………………………………………………… 27
　　スライド2　高齢者向け施設・住まいの概要

■ 尊厳を支える介護 …………………………………………………………………… 28
　　スライド3　尊厳を支える介護
⑴　高齢者の虚弱（フレイル）………………………………………………………… 28
　　スライド4　フレイル診断の5項目
⑵　介護予防・認知症予防……………………………………………………………… 29
　　スライド5　日常生活動作（ADL）
　　≪介護予防・認知症予防のための体操≫

■ 自立を支える介護 …………………………………………………………………… 31
　　スライド6　自立支援とは

■ 心身の状況に応じた介護 …………………………………………………………… 32
⑴　介護の定義…………………………………………………………………………… 32
⑵　腰痛予防の介護方法………………………………………………………………… 32
　　①　対象者の残存機能などを活用すること……………………………………… 32
　　②　福祉用具を活用すること……………………………………………………… 33
　　スライド7　介護保険によって貸与できる福祉用具
　　スライド8　介護保険によって購入できる福祉用具
　　③　ボディメカニクスを活用すること…………………………………………… 34
　　スライド9　ボディメカニクス
　　スライド10　摩擦の起きやすい場所
　　スライド11　介護者の動き

第3章　基本的な介護の方法（入門講座10時間） ……………………………………… 37

1　介護とは ……………………………………………………………………………… 38
> **スライド1**　マズローの基本的欲求5段階説
> **スライド2**　介護とは

2　介護を必要とする人の理解 ……………………………………………………… 39
(1)　老化とは……………………………………………………………………………… 39
> **スライド3**　老化とは
(2)　老化に伴う外見の変化……………………………………………………………… 40
> **スライド4**　老化に伴う外見の変化
> **スライド5**　運動機能障害の症状
(3)　高齢者に多い病気や症状…………………………………………………………… 41
① 骨粗鬆症………………………………………………………………………………… 41
> **スライド6**　骨粗鬆症
② 変形性膝関節症………………………………………………………………………… 41
> **スライド7**　変形性膝関節症
③ 骨折……………………………………………………………………………………… 42
> **スライド8**　骨折

3　コミュニケーションの方法 ………………………………………………………… 43
> **スライド9**　コミュニケーション支援用絵記号
> **スライド10**　言語的コミュニケーションって何？
> **スライド11**　メラビアンの法則
(1)　相手を受容すること………………………………………………………………… 45
> **スライド12**　相手に好感をもたれる姿勢
(2)　相手に共感すること………………………………………………………………… 45
(3)　コミュニケーションの基本的技術………………………………………………… 46
> **スライド13**　考えてみよう！「オープン・クエスチョンとクローズド・クエスチョン」

4　移動介護の方法……………………………………………………………………… 47
≪1日の流れでの移動・移乗動作≫
(1)　起床…………………………………………………………………………………… 47
> **スライド14**　起床
(2)　座位姿勢と立ち上がり……………………………………………………………… 48
> **スライド15**　座位姿勢
> **スライド16**　安定した立ち上がり
(3)　立位…………………………………………………………………………………… 49
> **スライド17**　立位時の重心
(4)　歩行…………………………………………………………………………………… 50
> **スライド18**　歩行
> **スライド19**　歩行の変化

スライド20　歩行のための福祉用具
スライド21　座位移乗
スライド22　やってみよう！「椅子からの立ち上がり」

5　身じたくの介護の方法……………………………………………… 52
　スライド23　身じたくのもつ意味
　スライド24　身じたくを整えることの効果
(1) 着替え……………………………………………………………… 53
　スライド25　着替え（着脱）
　スライド26　やってみよう！「衣服の脱ぎ着の介助（脱健着患）」
(2) 洗顔………………………………………………………………… 54
　スライド27　皮膚の働き
　スライド28　高齢者の皮膚のトラブル
(3) 歯磨き（口腔ケア）………………………………………………… 55
　スライド29　高齢者にみられる歯ぐきの特徴

6　食事の介護の方法……………………………………………… 56
　スライド30　人間にとっての食事の意義
　スライド31　食欲のコントロール
(1) 食事を構成する栄養素…………………………………………… 57
　スライド32　身体を作る栄養素
(2) 食べる仕組み……………………………………………………… 57
　スライド33　誤嚥
(3) 食事の介助と誤嚥の予防………………………………………… 58
　スライド34　食事介助時の注意事項
　スライド35　やってみよう！「水分の飲み込み」
(4) 食欲の低下と脱水症……………………………………………… 59
　スライド36　1日に必要な栄養量・1日に必要な水分量

7　排泄の介護の方法……………………………………………… 60
(1) 排泄とは…………………………………………………………… 60
　スライド37　排泄の仕組み
(2) 排尿の仕組み……………………………………………………… 60
　スライド38　尿ができるまで
(3) 便ができるまで…………………………………………………… 61
　スライド39　便ができるまで
(4) 排便行為…………………………………………………………… 61
　スライド40　排泄に関する動作
(5) 排泄の介助………………………………………………………… 62
　スライド41　排泄介助時の注意点
　スライド42　排泄に関する福祉用具

スライド43 考えてみよう！「排泄のトラブル（困りごと）」

8 入浴の介護の方法 ··· 64
スライド44 副交感神経の働き
(1) 入浴の環境 ··· 65
スライド45 ヒートショック
スライド46 入浴時の注意点
(2) 入浴の介助 ··· 66
スライド47 入浴行為の福祉用具
スライド48 考えてみよう！「入浴のトラブル（困りごと）」

9 睡眠の介護の方法 ··· 67
スライド49 夜になると眠くなり朝になると眠りから覚めるわけ
スライド50 睡眠の形
(1) 睡眠障害 ·· 68
スライド51 高齢者の睡眠障害
(2) 睡眠の介助 ··· 68
スライド52 睡眠の環境
(3) 睡眠の福祉用具 ·· 69
スライド53 睡眠の福祉用具
スライド54 考えてみよう！「あなたの日常生活」

第4章 認知症の理解（入門講座4時間） ·· 71

1 認知症とは ·· 72
スライド1 認知症高齢者の将来推計
スライド2 脳の処理機能

2 認知症の種類 ··· 74
(1) アルツハイマー型認知症 ·· 74
スライド3 老人斑（アミロイドβ）
スライド4 大脳皮質の著しい萎縮
(2) 脳血管性認知症 ·· 75
スライド5 脳血管障害
(3) レビー小体型認知症と前頭側頭型認知症 ·· 76
スライド6 レビー小体型認知症・前頭側頭型認知症（ピック病）
(4) 軽度認知障害（MCI：Mild Cognitive Impairment） ······························ 76

3 認知症の症状 ··· 77
(1) 中核症状 ·· 77
スライド7 中核症状

① 記憶障害 ……………………………………………………………………………………… 78
　スライド8　記憶とは何か
② 認知障害（思考・判断力の障害） …………………………………………………………… 79
③ 実行機能障害 ………………………………………………………………………………… 79
　スライド9　実行機能障害
④ 見当識障害（場所・時間） ………………………………………………………………… 80
　スライド10　見当識障害
(2) 周辺症状（BPSD：Behavioral and Psychological Symptoms of Dementia） ………… 81
　スライド11　周辺症状（BPSD）
　スライド12　行動障害

4 認知症の行動・心理症状 ……………………………………………………………… 82
　スライド13　「心理的ニーズ」を理解する6つのこと
(1) 睡眠障害 ……………………………………………………………………………………… 83
(2) 夕暮れ症候群・夜間せん妄 ………………………………………………………………… 83
　スライド14　夕暮れ症候群・夜間せん妄（対応方法）
(3) 人物誤認 ……………………………………………………………………………………… 84
　スライド15　人物誤認（対応方法）
　スライド16　人物誤認（家族へのサポート）
(4) 徘徊 …………………………………………………………………………………………… 85
　スライド17　現在の住まいを自分の家と認識できず徘徊が生じている場合
　スライド18　自分の持ち物を探して徘徊が生じている場合

5 認知症の治療 ………………………………………………………………………………… 86
(1) 薬物療法 ……………………………………………………………………………………… 86
　スライド19　認知症の治療薬
(2) 非薬物療法 …………………………………………………………………………………… 87
① 回想法 ………………………………………………………………………………………… 87
　スライド20　昔の遊び
② 音楽療法 ……………………………………………………………………………………… 88
　スライド21　音楽療法

6 国の施策 …………………………………………………………………………………… 89
≪認知症サポーター≫
　スライド22　考えてみよう！「認知症の方の生活」もしもあなたが…
　スライド23　考えてみよう！「認知症の方の生活」どんな感情が生まれますか…

第5章　障害の理解（入門講座2時間） ……………………………………………… 91

1 **身体障害** ……………………………………………………………………………… 92

(1) 視覚障害 ……………………………………………………………………………… 92

① 見える仕組みと主な病気と障害 ………………………………………………… 92

スライド1 視覚器

② 視覚障害者への対応とコミュニケーション機器 …………………………… 93

スライド2 視覚障害者の移動手段・コミュニケーション機器

(2) 聴覚・言語障害 ……………………………………………………………………… 94

① 聞こえる仕組みと話す仕組みと主な病気と障害 …………………………… 94

スライド3 聞こえる仕組みと話す仕組み

② 聴覚・言語障害者への対応とコミュニケーション機器 ………………… 94

(3) 肢体不自由 ………………………………………………………………………… 95

スライド4 脳卒中

スライド5 麻痺の種類

(4) 内部障害 …………………………………………………………………………… 96

① 心臓機能障害 …………………………………………………………………… 96

スライド6 虚血性心疾患（心筋梗塞・狭心症）

② 腎臓機能障害 …………………………………………………………………… 96

スライド7 慢性腎不全

③ 呼吸器機能障害 ………………………………………………………………… 97

スライド8 慢性閉塞性肺疾患（COPD）

2 **知的障害** …………………………………………………………………………… 98

スライド9 知的障害者によくみられる行動

3 **精神障害** …………………………………………………………………………… 99

(1) 精神障害の定義 …………………………………………………………………… 99

≪統合失調症≫

スライド10 統合失調症

(2) 発達障害の定義 …………………………………………………………………… 100

スライド11 発達障害の症状

4 **難病** ………………………………………………………………………………… 101

スライド12 パーキンソン病

5 **障害者福祉の基本理念** ………………………………………………………… 102

(1) ノーマライゼーション …………………………………………………………… 102

スライド13 ノーマライゼーションの8つの原則

(2) インクルージョン ………………………………………………………………… 102

スライド14 バリアフリー（物理的バリア）・心理的バリア

　　(3) エンパワメント･･ 103
　　(4) リハビリテーション･･ 103
　　　　スライド15　機能訓練
　　(5) 国際生活機能分類（ICF）･･ 104
　　　　スライド16　国際生活機能分類（ICF）
　　　　スライド17　考えてみよう！「障害のある生活」

　6　支援のための基本姿勢･･･ 105

第6章　介護における安全の確保（入門講座2時間）･･････････････････････････ 107

　1　介護の現場で起きやすい事故･･･ 108
　　　　スライド1　ハインリッヒの法則

　2　食中毒･･ 109
　　　　スライド2　大腸菌
　　　　スライド3　サルモネラ属菌
　　　　スライド4　ノロウイルス
　　　　スライド5　黄色ブドウ球菌
　　　　スライド6　正しい手の洗い方

　3　感染と感染予防･･･ 112
　　(1) 感染とは･･･ 112
　　　　スライド7　感染症の要因
　　　　スライド8　接触感染
　　　　スライド9　飛沫感染
　　　　スライド10　経口感染
　　　　スライド11　血液感染
　　(2) 感染予防･･･ 114
　　　① 標準予防策（Standard Precautions）･････････････････････････････････ 114
　　　　スライド12　スタンダードプリコーション
　　　② 清潔、消毒法･･･ 114
　　　　スライド13　療養環境の清潔、消毒法

　4　介護者の健康管理と感染対策･･･ 115
　　(1) 介護者の安全衛生対策･･･ 115
　　　　スライド14　社会福祉施設での労災の内訳
　　　① 腰痛対策･･･ 115
　　　　スライド15　腰痛とは
　　　　スライド16　HAL®腰タイプ介護支援用
　　　　スライド17　福祉機器の利用
　　　　スライド18　作業姿勢

　　　② 健康管理···117
　　　　スライド19　ストレッチ・腰痛体操
　　⑵ 介護者の感染予防···118
　　　　スライド20　不顕性感染
　　　　スライド21　介護職員の健康管理の具体的な方法
　　　　スライド22　介護者の健康管理と介護の質

≪日本介護福祉士会倫理綱領≫ ···120

≪参考文献≫ ···121

第1章

介護に関する基礎知識 （基礎講座1.5時間）

学習のまとめ

1 介護を取り巻く環境

(1) 人口の構造

　日本では人口の高齢化が世界に類を見ない速度で進行し、「超高齢社会」といわれるようになりました。人口からみた日本の高齢化の状況などを、人口統計の基本である「人口ピラミッド」からみてみたいと思います。(→スライド1)

スライド1　人口ピラミッド

出典：国立社会保障・人口問題研究所ホームページ

出典：国立社会保障・人口問題研究所ホームページ

2003（平成15）年から合計特殊出生率は低下し続け、2006（平成18）年には若干回復しているものの、1.3〜1.4程度で推移しています。すでに子どもを産む若い女性の人口が減少しているため、出生数の減少の歯止めは効かないということです。一方で、団塊の世代は2012（平成24）年から65歳を超え始め、団塊ジュニア世代は40歳代に入り始めたため、人口ピラミッドは壺形から花瓶形へ変わりつつあります。

人口ピラミッドの隆起部分の年齢層が「65歳前後」の場合、65歳以上の高齢者人口は、その時点で大幅に増加しています。また、さらに10年後には、75歳以上の高齢者人口が大幅に増えることになります。団塊の世代がすべて75歳となる2025（令和6）年には、すべての人口の18％となります。また、2060（令和41）年には、人口は8,674万人まで減少し、65歳以上の高齢者は全体の約40％になります。

(2) 平均寿命と健康寿命

平均寿命とは、その年に誕生した子どもが何年生きるかを推計したもので、健康寿命とは日常生活に制限のない期間をいいます。この平均寿命と健康寿命の差は、日常生活に制限のある「不健康な期間」ということになります。（→**スライド2**）

スライド2　平均寿命と健康寿命の差

病気を予防し健康の増進や介護予防などによって、この差を短縮することができれば、個人の生活の質（QOL）の低下を防ぐとともに、社会保障費の軽減にもなるということです。

学習のまとめ

学習のまとめ

(3)　**高齢者を取り巻く環境**

　日本を含む多くの国では、65歳以上を高齢者と定義づけています。しかし、この定義には医学的・生物学的に明確な根拠はありません。一般に高齢になると病気にかかりやすく、環境の変化に適応する能力が低下しやすいといわれています。このような高齢者が身体の不調を感じているのかという有訴者率は、2013（平成25）年で466.1と、半数近くの人が何らかの自覚症状を訴えていることがわかりました。また、日常生活に影響のある者率では、同年において258.2と有訴者率と比べるとおよそ半分になっています。

　日常生活への影響を内容別にみると、「日常生活動作」（起床、衣服着脱、食事、入浴など）が人口1,000人当たり119.3、「外出」が同118.4と高くなり、次いで「仕事・家事・学業」が同94.4、「運動（スポーツを含む）」が同83.3となっています。**（→スライド3）**

スライド3　65歳以上の高齢者の日常生活に影響のある者率

資料：厚生労働省「国民生活基礎調査」（平成25年）

出典：内閣府資料に基づき作成

　65歳以上の高齢者がいる世帯についてみると、2017（平成29）年現在、世帯数は2,378万7,000世帯と、全世帯（5,042万5,000世帯）の47.2%を占めています。1980（昭和55）年では、世帯構造の中で三世代世帯の割合が一番多く、全体の半数を占めていましたが、2017（平成29）年では、夫婦のみの世帯が一番多く約3割を占め、単独世帯と合わせると半数を超えています。（→スライド4）

学習のまとめ

スライド4 65歳以上の者のいる世帯数及び構成割合（世帯構造別）と全世帯に占める65歳以上の者がいる世帯の割合

資料：昭和60年以前の数値は厚生省「厚生行政基礎調査」、昭和61年以降の数値は厚生労働省「国民生活基礎調査」による
（注）平成7年の数値は兵庫県を除いたもの、平成23年の数値は岩手県、宮城県及び福島県を除いたもの、平成24年の数値は福島県を除いたもの、平成28年の数値は熊本県を除いたものである。

出典：内閣府資料に基づき作成

　また、65歳以上の要介護者などの性別にみた介護が必要になった主な原因は、「認知症」が18.7%と最も多く、次いで、「脳血管疾患（脳卒中）」15.1%、「高齢による衰弱」13.8%、「骨折・転倒」12.5%となっています。（→スライド5）

スライド5 65歳以上の要介護者などの性別にみた介護が必要となった主な原因

資料：厚生労働省「国民生活基礎調査」（平成28年）
（注）熊本県を除いたものである。

出典：内閣府資料に基づき作成

学習のまとめ

2 介護保険制度とは

人口の高齢化は、日本のみならず世界的に進んでいます。これに伴い介護を必要とする人が増加していますが、日本では少子化・核家族化などで、これまでのように家族が介護をすることは困難になりました。そこで介護が必要な状態になっても安心して暮らせるよう、社会全体で支えることを目的に2000（平成12）年4月から「介護保険制度」が始まりました。

(1) 介護保険制度の仕組み

介護保険制度は加入者が出した保険料で、介護認定を受けることでサービスが利用できる制度です。介護保険の加入者（被保険者）は、年齢により第1号被保険者（65歳以上の者）と第2号被保険者（40歳〜64歳の者で医療保険に加入されている者）に分かれます。

第1号被保険者は原因を問わず要介護認定が受けられ、第2号被保険者は特定疾病という病気が原因の時のみ、要介護認定を受けることができます。第1号被保険者も第2号被保険者も保険料は所得に応じて決まります。（→スライド6）

スライド6　介護保険制度の仕組み

出典：厚生労働省資料に基づき作成

⑵ 介護保険で受けられるサービス

　介護保険で受けられる介護サービスには、地域密着型サービス、介護予防サービス、居宅サービス、施設サービス、地域密着型介護予防サービスがあります。

○支援サービス
　ケアプランの作成、家族の相談対応など
○自宅に住む人のためのサービス（居宅サービス）
　≪訪問型≫　家事支援（掃除や洗濯、買い物や調理など）
　　　　　　　身体介護（入浴や排せつのお世話）
　　　　　　　訪問看護（医師の指示のもと、看護師が健康チェック
　　　　　　　　　　　　や、療養上の世話など）
　≪通所型≫　「デイサービス」（食事や入浴などの支援や、心身の機
　　　　　　　　　　　　能を維持・向上するためのリハビリやレクリ
　　　　　　　　　　　　エーション、「おいしく、楽しく、安全に食
　　　　　　　　　　　　べる」ための口腔清掃や口唇・舌の機能訓練
　　　　　　　　　　　　などを日帰りで行う）
　　　　　　　「デイケア」（施設や病院などで、日常生活の自立のた
　　　　　　　　　　　　めに理学療法士、作業療法士などがリハビリ
　　　　　　　　　　　　を行う）
　　　　　　　「短期滞在型」ショートステイ（施設などに短期間宿
　　　　　　　　　　　　泊して、食事や入浴などの支援や、心身の機
　　　　　　　　　　　　能を維持・向上するためのリハビリの支援な
　　　　　　　　　　　　ど。家族の介護負担軽減や施設入居準備など
　　　　　　　　　　　　に利用できる）
○施設に入居するサービス（施設サービス）
　　特別養護老人ホーム（特養）
　　介護老人保健施設（老健）
　　介護療養型医療施設（療養病床）

学習のまとめ

学習のまとめ

学習のまとめ

(3)　介護サービスを利用するには

　介護サービスを利用する時は所定の手続きをします。**（→スライド7）**

スライド7　　介護サービスの利用の手続き

出典：厚生労働省資料に基づき作成

①　申請

　保険者（市区町村）の窓口に要介護認定の申請の手続きをします。認定の申請は、居宅介護支援事業所などに代行してもらうこともできます。

②　要介護認定

　1．認定調査

　　調査員が自宅などを訪問して、本人の心身の状況や日常の生活状況などの項目について聞き取り調査を行い、「認定調査票」を作成します。あわせて「主治医の意見書」を主治医（かかりつけ医）に書いてもらいます。

学習のまとめ

2．認定審査

　作成された「認定調査票」をもとにコンピュータで一次判定が行われます。この一次判定結果と「認定調査票中の特記事項」「主治医の意見書」を参考に、介護・医療・保健分野の専門家で構成される「要介護認定審査会」で二次判定を行い、要介護度を決定します。この要介護度に応じて、利用できる介護サービスの上限額（支給限度額）が決まります。（→**スライド8**）

スライド8　保険給付と要介護状態区分のイメージ

予防給付　　　　　　　　介護給付

要支援者　　　　　　要介護者

要支援1　要支援2　要介護2　要介護3　要介護4　要介護5

要介護1

要支援　　要介護1　要介護2　要介護3　要介護4　要介護5

出典：厚生労働省資料に基づき作成

3．介護サービス計画の作成

　要介護度が決定すると、本人や家族の要望、生活の状況、利用できるサービスの上限額などを参考にして、「何を」目的として「どのサービス」を「どれ位」「いつ」「どこのサービス」を使うかなど、「介護サービス計画」を作成します。「介護サービス計画」は自分で作成することもできますが、居宅介護支援事業所の「介護支援専門員（ケアマネジャー）」に作成してもらうことが一般的です。

4．サービスの利用

　作成された介護サービス計画に沿って、介護サービス事業者から介護サービスの提供を受けます。各サービス事業所においても、「介護サービス計画」の目的に従い、より詳細な「個別援助計画」が作成され、サービスを利用する一人ひとりに沿ったサービスが提供されます。

学習のまとめ

3 仕事と介護の両立支援制度

(1) 介護休業制度

　親や家族などのために、やむを得ず仕事を辞める介護離職が増加しています。介護に直面する労働者は、企業において中核的な人材として活躍している場合も少なくありません。仕事と介護を両立できる職場環境の整備を図り、こうした人材の離職を防止しています。

　そこで、国は労働者が要介護状態にある家族を介護するために、一定の期間休業することができる、介護休業制度をつくりました。事業主は労働者から介護休業の申し出を受けた場合、それを拒否することはできません。介護休業をすることができるのは、要介護状態にある対象家族を介護する男女労働者です。期間を定めて雇用された者は、申出時点において、次のいずれにも該当すれば介護休業をすることができます。

① 　同一の事業主に引き続き１年以上雇用されていること

② 　取得予定日から起算して93日を経過する日から６ヵ月を経過するまでの間に、労働契約（更新される場合には、更新後の契約）の期間が満了することが明らかでないこと

(2) 介護の環境整備（介護人材確保のための総合的な対策）

　「介護離職ゼロ」の実現に向けて、介護利用者の受け皿を38万人分以上から、50万人分以上へ拡大されました。介護人材の処遇については、競合他産業との賃金の格差がなくなるよう、2017（平成29）年度からキャリアアップの仕組みを構築し、月額平均１万円相当の改善を行っています。なお、障害福祉人材の処遇についても、介護人材と同様の考え方に立って予算編成過程で検討されています。

(3) 地域共生社会の実現

　子ども、高齢者、障害者などすべての人々が、地域、暮らし、生きがいを共につくり、高め合うことができる「地域共生社会」の実現を目指しています。このため、支え手側と受け手側に分かれるのではなく、地域のあらゆる住民が役割をもち、支え合いながら自分らしく活躍できる地域コミュニティを育成します。そのために、福祉などの地域の公的サービスと協同し、助け合いながら暮らすことのできる仕組みを構築しています。

第**2**章

介護の基本
（基礎講座1.5時間）

学習のまとめ

１ 介護を必要とする人の理解

⑴　高齢者と介護

　　高齢になると病弱になりやすく、そのために誰かの助けが必要になることも多くなります。そのような高齢者を社会全体で支えていこうと、介護保険制度が始まり、利用者自らの意思に基づいて利用するサービスを選択し、決定することができるようになりました。介護を必要とする人の決定は、このように何らかの基準をもとに客観的に判定することで、支援の方法や内容を決めています。（→**スライド 1**）

スライド 1　　要介護状態区分別の状態像

出典：厚生労働省資料に基づき作成

(2) 高齢者の住みたい場所

厚生労働省は40歳以上の男女3,000人を対象に、高齢期の就労、健康づくり、ひとり暮らし、地域の支え合いなどに関する調査を実施しました。そこで「高齢期に生活したい場所」として「自宅」をあげた人は72.2%でした。さらに「自身が望む介護の姿」では、「自宅で家族に依存せず生活できる介護サービスがあれば受けたい」という回答が最も多く、37.4%を占めました。実際に高齢者のみで生活を送っている世帯は増加傾向にありますが、虚弱になっても持ち家に住み続けたいという希望者が多く、可能な限り自宅で暮らし続けられるようにするために、高齢者に配慮した住宅の整備や改修を進めるとともに、介護の知識をもった多くの方との連携が必要になります。

しかし、在宅生活に限界が来た時には、高齢者向け住まいの検討も必要になります。その際入居を希望される方のライフスタイルや、介護ニーズに見合った住まいとして適切な場所かどうか、選択できるサポートも大切です。(→**スライド2**)

学習のまとめ

スライド2 高齢者向け施設・住まいの概要

	特別養護老人ホーム	老人保健施設	介護療養型医療施設	養護老人ホーム	軽費老人ホーム	有料老人ホーム	サービス付き高齢者向け住宅	認知症高齢者グループホーム
基本的性格	要介護高齢者のための生活施設	要介護高齢者にリハビリ等を提供し在宅復帰を目指す施設	医療の必要な要介護高齢者の長期療養施設	環境的、経済的に困窮した高齢者の施設	低所得高齢者のための住居	高齢者のための住居	高齢者のための住居	認知症高齢者のための共同生活住居
利用できる介護保険	介護福祉施設サービス(介護老人福祉施設)	介護福祉施設サービス(介護老人保健施設)	介護福祉施設サービス(介護療養型医療施設)	特定施設入居者生活介護 ※外部サービスの活用も可			なし(有料老人ホームの基準を満たす場合、特定施設入居者生活介護が可能)※外部サービスを利用	認知症対応型共同生活介護
主な設置主体	地方公共団体社会福祉法人	地方公共団体医療法人	地方公共団体医療法人	地方公共団体社会福祉法人	地方公共団体社会福祉法人知事許可を受けた法人	限定なし(営利法人中心)	限定なし(営利法人中心)	限定なし(営利法人中心)
対象者	65歳以上であって、身体上又は精神上著しい障害があるために常時介護を必要とし、かつ居宅においてこれを受けることが困難な者	病状安定期にあり、看護・介護・機能訓練を必要とする要介護者	病状安定期にあり、療養上の管理・看護・介護・機能訓練が必要な要介護者	65歳以上の者であって、環境上及び経済的理由により居宅において養護を受けることが困難な者	身体機能の低下等により自立した生活を営むことについて不安であると認められる者であって、家族による援助を受けることが困難な60歳以上の者	老人※老人福祉法上、老人に関する概念がないため、解釈においては社会通念による	次のいずれかに該当する単身・夫婦世帯等・60歳以上の者・要介護／要支援認定を受けている60歳未満の者等	要介護者／要支援者であって認知症である者(その者の認知症の原因となる疾患が急性の状態にある者を除く。)

(注)特定施設入居者生活介護とは、特定施設に入居している要介護者・要支援者を対象として行われる、日常生活上の世話、機能訓練、療養上の世話のことであり、介護保険の対象となる。特定施設の対象となる施設は、①養護老人ホーム、②軽費老人ホーム、③有料老人ホーム。サービス付き高齢者向け住宅は、有料老人ホームに該当するものは特定施設となる。

出典:厚生労働省資料に基づき作成

学習のまとめ

2 尊厳を支える介護

　人は誰でも「自分らしく幸せに楽しく生きたい」と願っています。このような自分らしい生活や充実した生活を表す用語として、QOLが広く用いられています。このQOLの向上がその人の人生の質につながり、尊厳のある人生になります。（→スライド3）

スライド3　尊厳を支える介護

尊厳を支える介護
＝本人自身が個人として尊重されていると自覚し
　自尊心がもてる生き方を支援すること

　　　・これまでの生き方を尊重したケア
　　　・自立した暮らしを支えるケア

「自立支援」

⑴　高齢者の虚弱（フレイル）

　フレイルとは、海外の老年医学の分野で使用されている「Frailty（フレイルティ）」に対する日本語訳です。「Frailty」を日本語に訳すと、「虚弱」や「老衰」、「脆弱」などになります。（→スライド4）

スライド4　フレイル診断の5項目

---

①体重減少　　　　　　減らそうと意図せずに1年間
　　　　　　　　　　　で4〜5kg以上減る

②疲労感
③活動度の低下
④身体機能の低下　　　最も顕著なのは歩行スピード
　　　　　　　　　　　が遅くなる
⑤筋力の低下（サルコペニア）

　　　　　　　　　　　最もわかりやすいのは
　　　　　　　　　　　握力の低下

　健康な状態と日常生活でサポートが必要な介護状態の中間を意味しますが、多くの高齢者は、フレイルを経て要介護状態へ進みます。高齢者が増えている現代社会において、フレイルに早く気づき、正しく予防することが大切です。

　フレイルに陥った高齢者になるべく早くから関わり、適切に支援することで、生活機能の維持・向上を図ることができます。

(2) 介護予防・認知症予防

これからの日本では、重度な要介護状態になっても住み慣れた地域で、自分らしい人生を最後まで続けることができるよう、医療・介護・予防・住まい・生活支援が一体的に提供されるシステムが必要です。特に認知症高齢者の増加が見込まれることから、地域で支えるシステムの充実が大切になります。

介護予防は高齢者が要介護状態などにならないように予防すること、または、要介護状態などの軽減や悪化の防止を目的に行うものです。生活機能の低下した高齢者に対しては、単に高齢者の運動機能や栄養状態といった、心身機能の改善だけではなく、日常生活動作（ADL）を高めることで、家庭や社会への参加を促し、それによって一人ひとりの高齢者の生きがいや、自己実現のための取り組みを支援して、QOLの向上を目指します。（**→スライド5**）

スライド5 日常生活動作（ADL）

> ADL(Activities of Daily Living)
> ＝日常生活の基本となる動作
> 　寝返り　起き上がり　食べる　排泄　着脱
>
> ＊手段的ADL(Instrumental ADL)
> 　＝ADLの延長線上にあり、繰り返し必要な動作
> 　　買い物　料理　後片付け　掃除

また、スポーツやボランティア、趣味関係のグループなどへの社会参加の割合が高い地域ほど、「転倒」や「認知症」のリスクが低いことがわかってきました。

学習のまとめ

学習のまとめ

≪介護予防・認知症予防のための体操≫

1．介護予防体操

自分の体重を利用した介護予防体操

つま先立ち
①椅子の背もたれや手すりなどにつかまり、両足を軽く開いて、
　かかとをゆっくりと床から離します。
②3秒ほど数えたら、ゆっくり下ろします。
③1回につき、5回から10回程度を1日3回行います。

片脚立ち
①テーブルや手すりなどの安定したものを支えに、まっすぐに立ちます。
②転ばないよう、注意しながら片足立ちになります。
③左右1分間ずつ、1日3回行います。

スクワット
①足を肩幅に軽く開き、つま先を少し外側に向けます。
②ゆっくりお尻を少し引いて、膝がつま先より出ない程度に
　膝の曲げ伸ばしを行います。
③1回につき、5回から10回程度を1日3回行います。

※各体操の回数は目安です。ご自分の筋力や体力に合わせて行ってください。
　また、痛みなどがある場合は行わないでください。

2．ちゃーがんじゅー体操

3．パタカラ体操

3 自立を支える介護

　自立とは、自分の人生や生活に対して、自分で選択し決定する「自己決定」を尊重することをいいます。それは人間としての証であり、たとえ高齢になり体が不自由になって、日常生活の動作すべてに介助が必要になったとしても、サービスなどを利用して主体的に自分らしく生活する権利は誰にでもあります。（→スライド6）

スライド6　自立支援とは

「その人らしく、より良く、自分の意思で」
生活できることを可能にすること

それは、自分自身でできることがなくなった
としても同じである

　介護福祉の理念の根底にあるのは、ひとりの人間としての「基本的人権の尊重」にあります。その観点から、介護支援を受ける高齢者に示された保証は次のとおりです。

　　1．地域社会で生活する権利
　　2．個別ケアを受ける権利
　　3．質の高いサービスを受ける権利
　　4．自己決定・自己選択する権利
　　5．わかりやすい情報提供を受ける権利
　　6．意見・質問・苦情を表明する権利
　　7．プライバシーの保護に関する権利
　　8．自己尊重の念と尊厳を維持する権利

学習のまとめ

学習のまとめ

4 心身の状況に応じた介護

⑴　介護の定義

　2007（平成19）年に、介護福祉士の定義が「食事、入浴、排泄の介護」から「心身の状況に応じた介護」に変更されました。このように、介護は多様化する高齢者や障害者の生き方や生活全般を支え、自立に向けた支援をするということになります。

⑵　腰痛予防の介護方法

　介護者の腰痛予防への的確な対処方法としては、①対象者の残存機能などを活用すること、②福祉用具を活用すること、③ボディメカニクスを活用することなどがあります。

①　対象者の残存機能などを活用すること

　　残存機能とは、体に残されている機能のことです。障害によって体の機能が著しく低下をしていても、残された機能を活用することによって、日常生活を送る上で尊厳を保っていくことが可能となります。ただ、残存機能は使わないと徐々に低下していきます。介護者は援助を行う際には、対象者がもっている残存機能を伸ばすことを考えていくようにするのが重要となります。

　　対象となる高齢者がどのような状態であるのか、どこまで自分でできるのか、どのように介助すれば自分でできるようになるのかなど、介護者は常に考え一人ひとりの状態にあった介護を行います。対象者が日常何気なく行っている自然な動きを、介護者は可能な限りその動きを促し助けます。その際介護者も自然な動きで介助します。そして、できるだけその人のテンポに合わせます。

② 福祉用具を活用すること

　自分で動くことが困難な高齢者の場合、福祉用具の活用でできることが増え、生活が便利になります。また、介護者にとっても体の負担が軽減され、腰痛の防止になります。

　介護保険で福祉用具を利用するためには、要支援・要介護の認定を受けます。福祉用具には貸与できるものと購入できるものがあります。(→**スライド7・8**)

スライド7　　介護保険によって貸与できる福祉用具

要支援1・2、要介護1		
要介護2・3		
要介護4・5		
①手すり （工事を伴わないもの） ②スロープ （工事を伴わないもの） ③歩行器 ④歩行補助つえ （松葉づえ、多点つえ等）	⑤車いす ⑥車いす付属品 （クッション、電動補助装置等） ⑦特殊寝台 （ベッド） ⑧特殊寝台付属品 ⑨床ずれ防止用具 ⑩体位変換器 ⑪認知症老人徘徊感知機器 ⑫移動用リフト （吊り具部分を除く）	⑬自動排せつ処理装置

スライド8　　介護保険によって購入できる福祉用具

① 腰掛便座		和式トイレに置くもの・補高便座・ポータブルトイレなど
② 自動排泄処理装置の交換可能部品		自動排泄処理装置の尿や便の経路となる部品部分
③ 入浴補助用具		入浴用いす・手すり・すのこ・移動台・介助ベルト
④ 簡易浴槽		工事を伴わないもの・移動浴槽
⑤ 移動用リフトのつり具部分		リフトに取り付けるつり具

　福祉用具のうち、使い回しがふさわしくないものや消耗品については、介護保険の購入対象になっています。

　「居宅サービス計画書（ケアプラン）」に基づいて介護保険を利用する場合、年間10万円までが限度額となっており、自己負担は1割〜2割です。

学習のまとめ

学習のまとめ

③　ボディメカニクスを活用すること

　ボディメカニクスとは、身体の骨格や筋、内臓などの各系統間における力学的相互関係を示す人間工学の用語です。このボディメカニクスの原理を使うことで、相手も介護者も安全で安楽に日常生活や支援を行うことができます。（→スライド9）

スライド9　ボディメカニクス

　1．体位変換などの時は、相手の体を小さくまとめ、摩擦となる場所はできる限り減らします。（→スライド10）

スライド10　摩擦の起きやすい場所

　2．水平方向に回転させる時は、てこの原理などを利用します。

　3．作業中ベッドの高さを調整し、介護者の腰の負担を軽減します。

　4．ベッドや車いすなどに付いている邪魔な部品を取り外して、なるべく対象者に近づきます。

5．介護者は膝を曲げて重心を下げ、体重の移動で相手と一緒に動きます。（→スライド11）

（→スライド11）

スライド11 介護者の動き

なるべく対象者に近づきます

6．介護者は身体をひねらないように、常に鼻と両足のつま先が身体の動きと同じ方向に向くよう心がけます。

学習のまとめ

第3章

基本的な介護の方法
（入門講座10時間）

学習のまとめ

1 介護とは

　人は生まれた時からしばらくは依存した生活を送り、その後自立から社会参加へと成長発達します。そして、食事をする、排泄するなどの基本的欲求を満たすことで、高次の欲求である自己実現へ向かう余裕が生まれます。高齢になり日常生活を送ることが不自由になった人に対して、その人のできる力を助けながら、なるべく自分でできるように支援することが、介護の技術になります。

　生活の自立とは本人が主体的に生きることで、個性が発揮できることです。そのことを踏まえて、介護とは「その人らしく生きることを支援する」ことであり、「主体は介護を必要とするその人だということを忘れない」ということです。（→**スライド1・2**）

スライド1　マズローの基本的欲求5段階説

スライド2　介護とは

＊介護が必要な人の生命を守り、その人が主体的に生活できるよう支援する

＊利用者の生活の流れが止まらないよう、その人の生活のリズムを支援する

生活の支援

2 介護を必要とする人の理解

(1) **老化とは**

　老化はこの世に生を受けた時から始まり、誰でも避けることのできない自然現象です。酸素を取り込むことによって体内のあらゆるものに老化現象が起きるという説があり、酸素がなくては生きていけない人間にとっては皮肉なものです。(**→スライド3**)

スライド3　老化とは

目が見えなくなる・耳が聞こえなくなる・腰が曲がる
ぼける・尿が出なくなる・肌がたるむ・手元がくるう
関節が痛む・歯が抜ける・すぐ息切れする・シミが出る
など

なぜ老化するの

学習のまとめ

学習のまとめ

(2)　**老化に伴う外見の変化**

　若い時に比べて外見も変化します。神経系の機能低下や骨、関節、筋肉などの変性によって姿勢が変化します。これによって、歩行障害や転倒などが起きやすくなります。（**→スライド4**）

スライド4　老化に伴う外見の変化

> 姿勢の変化　　姿勢を保つ力が退行
>
> 最大筋力は20歳前半がピーク
> 80歳代では60％に低下
>
> 下肢の筋群の方が早くから低下

　外見の変化や脳の機能障害から、運動機能にも障害が起きやすくなり、その状態によっては日常生活を送ることが不自由になることもあります。（**→スライド5**）

スライド5　運動機能障害の症状

> ＊筋萎縮　　ー　筋肉がやせてくる
>
> ＊関節拘縮　ー　関節の動きが悪くなる
>
> ＊変形　　　ー　身体の各部分の形態に異常が起こる
>
> ＊麻痺　　　ー　筋肉の収縮力が低下して運動
> 　　　　　　　　（随意運動）ができなくなった状態

　さらに、慢性の病気にかかりやすく、治る前にまた新たな病気を引き起こす、症状が定型的に現れないために発見が遅れる、薬の副作用が出やすいなどの悪循環が起きます。

(3) **高齢者に多い病気や症状**
① **骨粗 鬆 症**

カルシウムの摂取不足や運動不足、日光に当たることが少ないなど
で、骨の密度が低下する病気で、閉経後の女性に多くみられることも
特徴です。骨がもろくなるので骨折しやすくなります。（→**スライド6**）

スライド6　　骨粗鬆症

骨の中には骨芽(こつが)細胞と
破骨(はこつ)細胞があり、
これにより代謝している

骨粗鬆症は
体質的(遺伝)素因　<　環境因子

正常な骨

骨粗鬆症の骨

② **変形性膝関節症**

50歳～70歳代の肥満傾向の女性に多く発症します。症状としては
膝の痛みがありますが、安静にしていると痛みは軽減します。足の形
はがに股や〇脚になり、関節の腫れにより動きが悪くなります。
（→**スライド7**）

スライド7　　変形性膝関節症

・ エレベーター・エスカレーターの使用
・ 杖の使用
・ 温水プールで歩行訓練

正常　　　　　変形性膝関節症

学習のまとめ

③　骨折

　骨がもろくなることで骨折しやすくなります。

　しりもちをつくと「大腿骨頸部骨折」「脊椎圧迫骨折」、手をつくと「橈骨遠位端骨折」などが起こりやすくなります。（→**スライド 8**）

スライド 8　骨折

3 コミュニケーションの方法

　言葉が話せないと思ってください。でも自分の気持ちを相手に伝えたい時どうしますか。何とか自分の思いを伝えるために、身振り手振りで伝えようとするのではないでしょうか。例えば「私」を示す時、自分を指さしたり自分の胸に手を当てたりします。「あなた」を示す時、相手を指さすか相手に手を向けます。これは万国共通の一連の動作になります。
（→スライド9）

スライド9　コミュニケーション支援用絵記号

わたし　　　あなた　　　感謝する　　　助ける

【絵記号による意思伝達の例】

朝起きたら、顔を洗って歯を磨いてください。

出典：内閣府資料に基づき作成

学習のまとめ

学習のまとめ

また、私たちは日頃から話をする時、言葉のみで話しているつもりでも、声のトーンや表情、姿勢、身振り・手振り、相手との距離間など、言語以外に多くの事柄を交えてコミュニケーションをとっています。これを「非言語的コミュニケーション」といいますが、介護支援の場では、この言葉ではない意思表示がとても役に立ちます。このようにコミュニケーションの方法には、言語的コミュニケーションと非言語的コミュニケーションの２種類があります。（→**スライド10**）

スライド10　言語的コミュニケーションって何？

言語的コミュニケーションって何？
・ 話ことば、話の内容、手話

非言語的コミュニケーションって何？
・ 身振り・手振り・表情・声のトーンなど、
　 実際の話の内容以外の部分で発する情報

メラビアンの法則とは、会話の際に何が一番影響力をもつか研究されたもので、その高い順に視覚情報（見た目・表情・動作など）が55％、聴覚情報（口調や話の早さなど）が38％、言語情報（話の内容）が７％という割合でした。（→**スライド11**）

スライド11　メラビアンの法則

■ 視覚情報　　■ 聴覚情報　　■ 言語情報

(1) 相手を受容すること

受容とは、相手をあるがままに受けいれることです。介護支援では絶えず相手の気持ちに寄り添うことが大切になります。ただ、あるがままといっても、相手の言葉や態度をすべて肯定的にとらえるということではありません。相手が話すことや行動することに対して、拒絶したり、無視したり、否定したりせず、耳を傾けて心を寄せ、「あなたの話を聴いていますよ」という態度や姿勢を示すということです。
（→スライド12）

スライド12 相手に好感をもたれる姿勢

(2) 相手に共感すること

共感とは、相手の価値観や考え方を尊重することです。そうすると相手は自分自身に「自尊感情」をもつことができ、日々の暮らしに満足感を得て、こちらに心を開いてくれるようになります。そして、介護支援を通してお互いに、自分の人生を肯定的にとらえられ、良好な関係性を保つことができます。

学習のまとめ

学習のまとめ

(3)　コミュニケーションの基本的技術

　コミュニケーションの基本的技術には、相手を観察し情報を得ることと、その情報をもとに相手に合わせたコミュニケーション方法をとるということです。絶えず相手の立場に立って考えます。コミュニケーションの方法に正解はありません。ルールやマニュアルがあったとしても、場面や相手によって柔軟に変えていかなければならない時もあります。マナーや良識を守ることは大切ですが、そこに「自分ならではのもの」を加え、自分の魅力を引き出すことで、相手との信頼関係をより深くすることができることもあります。これまで自分が経験してきたこと、学んできたこと、育んできたこと、すべてがコミュニケーションに活かされます。（**→スライド13**）

スライド13　考えてみよう！「オープン・クエスチョンとクローズド・クエスチョン」

オープン・クエスチョン
・〜というと？　どんな感じ？　どんなイメージ？
　エピソード教えてください。　何でもいいですよ。
　例えば？　他には？

クローズド・クエスチョン
・数量や固有名詞など、「はい」か「いいえ」で答えられる質問

---

4 移動介護の方法

　人はトイレに行く時、お風呂に入る時などあらゆる生活場面で、まず移動して目的を果たします。この移動動作が自分でできればよいのですが、いろいろな事情でできなくなった時、ほかの日常生活への影響も出てきます。まず、自分の力をできる限り使ってもらい、福祉用具などを活用することも視野に入れて、いつでも行きたいところへ安全に行けるように支援をします。

≪1日の流れでの移動・移乗動作≫

　ベッド（布団）から起きあがる＝仰臥位（仰向け）側臥位（横向き）腹臥位（腹ばい）

　トイレに行く＝歩行～座位

　洗面所に行く＝歩行～立位

　キッチンで食事をする＝歩行～座位

　外出する＝歩行

　仕事を始める＝歩行、座位、走る、立位など

　お風呂に入る＝歩行

　ベッド（布団）に入り睡眠する＝仰臥位（仰向け）側臥位（横向き）腹臥位（腹ばい）

⑴　**起床**

　私たちは寝ている間に自然といろいろな体位（姿勢）をとり（寝がえり）、長時間身体の一部だけに圧迫が加わらないようにしています。これを自分でできない寝たきりの人の場合は、およそ2時間ごとの体位変換をします。また、スムーズに起き上がるために、人は重心を移動させていますが、介護するときにはこの動きを妨げないようにします。（→**スライド14**）

スライド14　起床

起き上がり
　ベッド上での寝返り
　　仰臥位・側臥位・腹臥位
　自然な起き上がり姿勢
　　仰臥位～側臥位～端座位（たんざい）

学習のまとめ

(2)　**座位姿勢と立ち上がり**

　座位姿勢は様々な生活動作に適しており、筋肉の疲労や持続圧迫による血流の障害を防ぎます。しかし臀部（お尻）への圧迫は大きいので、座位時間の限度は1時間半位を目安とし、時々お尻を浮かせるなどの支援をします。その際は危険のないように、両足底が床についているか、安定した状態であるかなどを確認します。（**→スライド15**）

スライド15　座位姿勢

①端座位
（たんざい）

②椅座位
（いざい）

③半座位
（はんざい）

　椅子や何かから立ち上がる時は転倒に注意します。立ち上がる時のその人のリズムを妨げないように、介護者は立ち位置に注意して立ち上がってもらいます。（**→スライド16**）

スライド16　安定した立ち上がり

自然な立ち上がり姿勢
　浅く腰かけ、足は膝より後ろへ引き、
　頭を前傾し股関節を曲げ体幹を伸ばす

足を引き前かがみになり　　　膝を押すようにして　　　立ち上がる

(3) 立位

　立位は移動する際の最初の状態です。しっかり安定した立位がとれるか確認します。下腿（ふくらはぎや足の甲）に血液がたまりやすいので、長時間の立位は身体への負担が大きくなります。立位時は重心が両足底の内側にあることを確認します。(→**スライド17**)

スライド17　立位時の重心

骨盤内

第2仙骨のやや前面

●印は重心の位置を表しています。

学習のまとめ

学習のまとめ

⑷　**歩行**

　　2足歩行をする人間では、片足を床につけもう片方は空中に浮いている状態で歩いているので、歩行時には重心のバランスをくずしやすくなります。高齢者の場合の歩行は、特に気をつけて見守ります。

（→**スライド18・19**)

スライド18　歩行

上体の回転
　上体の傾斜
骨盤の回転
　骨盤の傾斜

スライド19　歩行の変化

関節の可動域が狭くなる　⇒　歩幅が減少

筋力の低下　⇒　すり足

バランスを崩しやすい

歩行のための福祉用具を適切に用いると、痛みや筋力の低下、麻痺、変形、拘縮などで歩けない人、不安定な歩行の人が独歩や介助歩行ができるようになります。（→**スライド20**）

スライド20　歩行のための福祉用具

つえ
車いす
歩行器
（シルバーカー）
下肢装具

　全身の筋力が低下した高齢者のために、座った姿勢のまま移乗する座位移乗では、福祉用具を使うと楽に移乗ができます。また、これにより介護者の腰痛の予防にもなります。相手の身体機能、介護者の能力、環境などによって、いろいろな用具の中から選び、適切な方法、条件に合った技術で行います。（→**スライド20・21**）

スライド21　座位移乗

自分でお尻を浮き上がらせない場合は、
スライディングボードを使って滑らせる
高い位置から低い位置へ

スライディングボード
出典：パラマウントベッド株式会社

スライド22　やってみよう！「椅子からの立ち上がり」

A　重心を移動させて立つ動作
①前へかがむ
②お尻を浮かす
③立ち上がる
●印は重心の位置を表しています。

B　重心を移動しないで立つ動作
前へかがむのを禁止
足を引くのを禁止

学習のまとめ

学習のまとめ

5 身じたくの介護の方法

「身じたく」の意味は、「ある行動の準備として身なりを整えること」とあります。これは脳の高次機能が正常に働くことによって行われる、人間ならではの行為です。私たちは日頃何気なくやっていますが、それは、身体的にも精神的にも、社会的にも満足した状態だからこそできる行為だともいえます。（→**スライド23**）

スライド23　身じたくのもつ意味

> ### 身じたくを整えるために必要なことは
> ・ 着替え
> ・ 洗顔、歯磨き、髭剃り、化粧、整髪
> ・ 服装を整える
> ・ 入浴・洗髪
> ・ 爪切り

高齢になると出かけることもおっくうになり、誰とも会わずに過ごすこと多くなりがちです。身じたくへの動機づけをして生活の質の向上を図ることで、日常生活の質向上につながります。（→**スライド24**）

スライド24　身じたくを整えることの効果

> ・ 体温調節
> ・ 皮膚を守る
> ・ 心身の機能の維持・向上が保てる
> ・ 安全で快適な生活行動がとれる
> ・ 生活にメリハリがつく（区切り）
> ・ 身だしなみとしての自己表現（個性を出す）

(1) 着替え

衣服を着る介助には、相手への事前の確認が必要です。手足は動くか、どこかに痛み（麻痺）はあるか、姿勢の保持はできるか、着替えることに対して意欲はあるかなどの情報を得て、これからすることを説明し納得していただき、了解を得ます。（→**スライド25・26**）

スライド25 着替え（着脱）

脱健着患＝脱ぐときは健側（自由に動く側）から
（だっけんちゃっかん） 着るときは麻痺側（麻痺や拘縮があり
自由に動かせない側）から

スライド26 やってみよう！「衣服の脱ぎ着の介助（脱健着患）」

学習のまとめ

(2) 洗顔

　皮膚は人体の中で最大の臓器といわれ、皮下細胞の組織を加えると体重のおよそ15%を占めています。皮膚の一番外側にある「表皮」のさらに一番外側の「角質層」は、手洗いや洗顔などで毎日はがれていきます。この部分は外部から細菌や化学物質など、体に害を及ぼすものの侵入を防ぐ役割や、体内の水分などが体外へ逃げないようにするなどの、バリア機能ももっています。（→**スライド27**）

スライド27 皮膚の働き

> 皮膚の働き：外界から命を守る
>
> 表皮：皮膚の表面を覆う保護膜
> 真皮：コラーゲンなどの
> 　　　たんぱく質成分で
> 　　　できた丈夫な層
> 皮下組織：皮膚本体と
> 　　　　　骨格や筋との
> 　　　　　間をつなぐ

　高齢になると皮膚が乾燥しやすく、滑らかさが失われることでかゆみなどが起きやすくなります。ゴシゴシこすったり熱いお湯を使ったり、刺激の強い石鹸の使用などは避けたほうが良いでしょう。特におむつを使用されている場合は、蒸れることで皮膚のトラブルを招きやすいので、排尿、排便時にはすぐに取り換え清潔に保ちます。（→**スライド28**）

スライド28 高齢者の皮膚のトラブル

> 高齢になると
> 発汗・皮脂分泌の低下＝乾燥肌（ドライスキン）、
> 　　　　　　　　　　　かゆみ、炎症
>
> 毛髪の変化
> 頭皮の血流低下＝抜け毛、白髪
>
> 爪の変化
> 指先の毛細血管が減少＝硬い、もろい、肥厚

⑶ **歯磨き（口腔ケア）**

　口腔には歯や歯肉、舌などがあり、「食べる」「呼吸する」「話す」など生命の維持や人間らしい暮らし、表情をつくる器官として大切な役割をになっています。歯磨きは歯の表面や舌、粘膜についた汚れや細菌を洗い流し、虫歯や歯周病を予防してくれます。また、自浄作用がある唾液の分泌量も増加させます。身体機能が衰えて唾液の分泌量が減少している高齢者の口腔内は、自浄作用が低下している状態なので、意識して口腔ケアを行いきれいに保つ介助をします。**（→スライド29）**

スライド29 高齢者にみられる歯ぐきの特徴

学習のまとめ

学習のまとめ

⑥ 食事の介護の方法

　食べることは健康に生きていく上で欠かせない行為ですが、普段の生活で食事に対する気持ちは、おいしいものをたくさん食べたい、でも食べ過ぎると体重が増えて健康に悪いとか、食欲がない、何を食べてもおいしくないなど、精神的なストレスになっていることもあります。（→**スライド30**）

スライド30　人間にとっての食事の意義

栄養素の摂取　免疫力を高める

「食べ物」や「食環境」と触れあう
五感を通して脳を刺激する

生きる喜び、楽しみ、
人間としての尊厳を保つ

　食欲は脳の視床下部でコントロールされます。また、食欲は５つの感覚（視覚・味覚・嗅覚・聴覚・触覚）や姿勢によっても影響されます。おいしく、満足した食事が摂れるように、これらに配慮した食事の介助をします。（→**スライド31**）

スライド31　食欲のコントロール

食欲は脳の視床下部でコントロール

視床下部にある摂食中枢が
「脳にエネルギーが足りていない、補給せよ」
と命令を出す＝空腹感

食事を摂り血糖値が上昇すると満腹中枢が
「エネルギー量は十分、もう食べるな」
の命令を出す＝満腹感

視床下部

(1) 食事を構成する栄養素

　人間の身体は細胞や筋肉、骨などで作られていますが、これらの組織は栄養素によって構成されています。栄養素は食べ物の中に含まれる様々な物質のうち、人間の身体に必要不可欠な成分のことをいいます。（→**スライド32**）

スライド32　身体を作る栄養素

(2) 食べる仕組み

　私たちが普段行っている食事は、まず、食べるものを準備し、テーブルに並べて席に付き、それから食べる行為が始まります。ここでも移動行為が欠かせません。椅子に座り、食べたいものから順番に口に入れていきます。そして、口の中でかみ砕き、舌を使って口の奥に送り込み、嚥下_{えんげ}（飲み込む）を繰り返します。その後、食べたものや飲んだものは食道を通って胃に送られます。この時誤って気管に入らないように、軟口蓋（口の奥の天井の部分）が鼻腔をふさぎ、気管のふたである喉頭蓋が閉じます。これによって、口の中のものが鼻や気管に入り込むことなく、食道から胃へと送り込まれるのです。（→**スライド33**）

スライド33　誤嚥

学習のまとめ

学習のまとめ

(3)　**食事の介助と誤嚥（ごえん）の予防**

　　高齢になると、飲み込むまでの一連の動きに支障が起きやすくなります。これを嚥下障害といい、誤嚥の原因になります。飲み込みにくい、口から食物がこぼれたり残ったりする、よだれが出る、食べるのに時間がかかる、飲み込む前後や最中にむせたり咳き込んだりするなどの症状がでたら、誤嚥しやすいので気をつけましょう。

　　食事の時の誤嚥の予防は食べる姿勢も大切です。

（→スライド34・35）

スライド34　　食事介助時の注意事項

＊利用者のペースに合わせて、好みに配慮しながら
　主食や副食などをすすめる

＊あごは引きぎみ、テーブルは低めで誤嚥に注意する

＊食事の前後には水分摂取を勧める

＊麻痺のある人、咀嚼力が低下している人は
　特に口の中に食べ物が残っていないか
　確認する

＊食後は口腔ケアを促す

立ったままの
介助はダメ

スライド35　　やってみよう！「水分の飲み込み」

A　口を開けたまま　　　B　顎を上に挙げたまま

※顎を引いてもOK　　　　　※顎を引くのはNG

(4) 食欲の低下と脱水症

　何らかの原因で「食欲がない」「食事がおいしく感じられなくなった」「たくさん食べられなくなった」など、高齢者には多くみられる訴えです。特に活動や食欲が低下気味の高齢者の場合、起きやすい症状として脱水症があります。人間の身体はおよそ60％が水分です。体重に占める水分の比率が、15～20％低下すると生命の危機に陥るので、高齢者や乳幼児も水分の補給には注意します。(→**スライド36**)

スライド36　1日に必要な栄養量・1日に必要な水分量

1日に必要な栄養量

年齢	身体活動	男性	女性
18～29歳	Ⅱ（ふつう）	2,650	1,950
70歳以上	Ⅰ（低い）	1,850	1,450

1日に必要な水分量
　人間の身体は約60％水分
　およそ2ℓ以上は水分を摂取したい

学習のまとめ

学習のまとめ

7 排泄の介護の方法

(1) 排泄とは

　食べたものや飲んだものはどのようにして体に吸収され、そして排泄されていくのでしょうか。排泄とは身体に不要となったもの（老廃物）を体外へ排出することです。これは、食事と同様に人間が生きていく上で欠かせない行為であり、排泄物は健康状態を知る大切なものです。（→スライド37）

スライド37　排泄の仕組み

身体に取り入れた食べ物が体内で代謝され
不必要となった老廃物は体外へ排出される

＊腎臓からは尿
＊消化管からは便
＊肺からは二酸化炭素
＊皮膚からは汗

(2) 排尿の仕組み

　尿は脊柱の左右にひとつずつある腎臓で作られます。腎臓の中にある「糸球体」と呼ばれる部位で血液がろ過され、尿細管などで電解質や体に必要なものが再吸収されます。

　最終的には1日におよそ1,500〜1,800mlの尿が作られ排泄されます。（→スライド38）

スライド38　尿ができるまで

腎臓で血液がろ過され膀胱に貯留
尿が150〜250mℓ溜まると大脳に
伝わり尿意を感じる
回数は
昼間3〜5時間に1回
夜間は0〜1回
これ以上回数が多くなることを
頻尿という

腎臓　腎臓
尿管
膀胱

⑶　便ができるまで

　食べたものは食道から胃に入りここでいったんとどまり、強い酸性の胃液とまざりドロドロになります。その後、十二指腸で胆汁と膵液という消化酵素とまざり、小腸で栄養素と水分、大腸で残りの水分が吸収されて便となって排泄されます。(→**スライド39**)

スライド39　便ができるまで

口⇒食道⇒胃⇒十二指腸
⇒小腸(栄養素と水分)
⇒大腸(水分)⇒直腸
⇒肛門

胃(消化)
小腸(消化・吸収)
大腸(水分の吸収)

1日から3日で便となって排出されるが、
このスピードが遅くなると便秘になり、
早くなると下痢になる

⑷　排便行為

　排泄行為は幼い頃から身についた生活習慣と、生活様式に沿って行われます。何の気兼ねもなく、トイレで排泄できることが人間らしさの基本です。また、排泄は自立生活の根幹をなすもので、排泄行為が阻害されると、他の生活行為の妨げにもなります。(→**スライド40**)

スライド40　排泄に関する動作

1. 尿意、便意を感じる
2. 端座位(椅座位)～立ち上がる
3. 立ち上がり～歩く
4. トイレまで移動～ドアを開ける
　 (便器の蓋を上げる)
5. ズボン、下履きを下ろし便座に座る
6. 排泄する～拭く
7. 便座から立ち上がり下履き、ズボンを履く
8. 流す、手を洗う

学習のまとめ

⑸　排泄の介助

　若い頃は問題なくできていた排泄ができなくなると、本人はショックであり気持ちも沈んでしまいます。排泄は非常にプライベートな行為なので、他人の手を借りなければならない状況は、自尊心を傷つけることにもつながります。**(→スライド41)**

スライド41　排泄介助時の注意点

意思を尊重し、できない部分を支援する
快適で清潔な排泄環境を提供する
プライバシーを確保する
尿意・便意を察し、言葉をかける
声をかけやすい態度で接する
安心・安楽・安全にできるよう支援する
排泄後の清潔を保持し、気持ちよいと感じてもらう

家庭にある一般的なトイレに手すりなどをつけると、ひとりでできるようになれるかもしれません。トイレまで間に合わない、夜間は起き上がるのが大変などの場合は、近くにトイレがあると便利かもしれません。できることは何か、どのようにすれば自分でできるようになるのかなど、なるべく気兼ねなくできる方法を常に考えて介助します。
（→スライド42・43）

学習のまとめ

スライド42 排泄に関する福祉用具

ポータブルトイレ
　　立位は保てる、トイレまで間に合わない（夜間）
尿器、便器
　　起きあがることができない
オムツ・尿とりパット
　　便意、尿意がわからない
　　便意、尿意があっても間に合わず下着を汚す

スライド43 考えてみよう！「排泄のトラブル（困りごと）」

・自分自身の失敗体験
・聞いたことのある失敗
・高齢者に起りそうな
　排泄のトラブル（困りごと）

学習のまとめ

8 入浴の介護の方法

　　入浴は、身体をきれいにする以外にも、血液の循環を良くして新陳代謝を促進させる、適度な疲労により食欲増進や安眠をもたらす、気分転換やリラックス・ストレス解消になる、社会参加を促す機会となるなど、多くの効果があります。また、副交感神経を優位に働かせることで、免疫力の低下を予防します。**（→スライド44）**

スライド44　副交感神経の働き

副交感神経が優位になるように

| 心拍数の減少 | 血圧値の低下 | 発汗の抑制 |

身体を休める

(1) 入浴の環境

日常生活において背中やお尻など、普段目にさらされない部位の観察はできません。寝たきりの人の場合は特に入浴介助をしながら、皮膚の状態や床ずれなどができていないかなどの観察ができます。

また、その一方水回りで裸になっている状態は滑りやすく、脱衣場から浴室の温度差により体調の急変などが起きやすくなるので注意します。（→**スライド45・46**）

スライド45 ヒートショック

寒 寒 → 暖

脱衣前（血管イメージ）　急激に冷えると 血管が収縮して血圧が急上昇　入浴で暖まると 血管が拡がって血圧が急降下

なるべく温度差をなくす

スライド46 入浴時の注意点

安全の確保
一般状態の確認（体温、脈拍など）
室温＝22±2℃程度
湯の温度＝38〜40℃程度
所要時間＝10〜15分程度
水分補給＝血液の粘稠度が増す

学習のまとめ

学習のまとめ

(2)　入浴の介助

　毎日の暮らしの中で、入浴を楽しみにされている高齢者も多くいらっしゃいます。身体が不自由になった方にとっては、浴槽へのまたぎ動作や不安定な姿勢が多く、転倒などの事故が心配されます。実際、家庭内での不慮の事故では「誤嚥等」「転倒・転落」に次いで「不慮の溺死および溺水」で、交通事故死より上位になっています。入浴動作の負担を軽くしてくれる入浴用品を選び、安心して快適な入浴ができるように環境を整えます。**（→スライド47・48）**

スライド47　入浴行為の福祉用具

シャワーチェア・スライドボード・手すり・ボード
滑り止めマットなど

入浴環境の具体例
・シャワーチェア
・滑り止めマット
・手すり(縦・横)
・回転式移動ボード

スライド48　考えてみよう！「入浴のトラブル（困りごと）」

・自分自身の失敗体験
・聞いたことのある失敗
・高齢者に起りそうな
　入浴のトラブル(困りごと)

9 睡眠の介護の方法

睡眠は脳に休息を与えエネルギーを蓄えるとともに、明日からの活動のためにとります。脳の疲れは眠りでしか解消することはできませんが、生命維持を司る視床下部や延髄などは、生きている限り休むことはありません。ここが休んだ状態になると「脳死」と判定されます。また、寝ている間にストレスと戦うホルモンや、身体を成長させるホルモンが分泌されるので、睡眠時間はとても大切になります。(→**スライド49**)

スライド49 夜になると眠くなり朝になると眠りから覚めるわけ

睡眠の形は、レム睡眠とノンレム睡眠というまったく異なる２つの睡眠状態を繰り返し行われます。レム睡眠はピクピク眼球が動く眠りで、夢の多くはこのレム睡眠中に見るといわれています。ノンレム睡眠は眼球の動きがみられない深い眠りで、脳も休息している状態になります。

高齢になるとノンレム睡眠が減って、レム睡眠が増えるようになります。そのために尿意やちょっとした音に目が覚めてしまい、睡眠障害が起きやすくなります。(→**スライド50**)

スライド50 睡眠の形

出典：厚生労働省資料に基づき作成

学習のまとめ

学習のまとめ

(1)　睡眠障害

　健康のためには睡眠はたいへん重要です。免疫機能を強化したり、記憶を定着させるという役割をもっているからです。夜の睡眠が十分にとれないと、昼間の眠気やだるさ、集中力の低下などの症状が出て、日中の活動の妨げになります。高齢になるといろいろな睡眠障害が起きやすくなります。（→**スライド51**）

スライド51　高齢者の睡眠障害

不眠のタイプ	主な症状
入眠障害	寝つきが悪い
中途覚醒	寝てもたびたび起きる
早期覚醒	朝早く目が覚める
熟眠障害	よく寝たという気がしない

レストレッグス症候群
　下肢を中心とした「むずむず感」「痛痒さ」

(2)　睡眠の介助

　安眠への誘いは1日の生活リズムを整えることから始まります。毎日、7時間から8時間の睡眠がとれるように支援することが大切です。入眠前に濃いお茶を飲んだり、空腹や満腹だったりすると、ますます寝つきは悪くなります。また、眠れない時などは足浴や温かいミルクなどを飲むことで眠りにつきやすくなります。（→**スライド52**）

スライド52　睡眠の環境

状　況:寝つき、深さ、覚醒
時　間:いつ、何時間
状　態:身体面、精神面、生活面
温　度:夏25℃以下　冬15℃以上
　　　　寝床内温度33℃位
湿　度:60%程度
光　量:30ルクス位の間接照明 or 真っ暗
寝　具:ベッド、布団
寝巻き:パジャマ、スウェット、浴衣など

(3) 睡眠の福祉用具

身体が不自由になった方に対しては、電動ベッドなどが便利です。介護保険制度でも介護度によって1割負担でリースができます。また、褥瘡の予防などにはエアーマットなどがありますが、自分で立ち上がることができる人にとっては、手をつくとぐらぐらするので向きません。安眠への介助はその人の好みもありますので、十分に話し合って使用を進めます。（**→スライド53・54**）

スライド53 睡眠の福祉用具

電動ベット
エアーマット
ムートンマット

スライド54 考えてみよう！「あなたの日常生活」

- 食事は一日に何食食べる？
- 何時に食べる？
- 一番好きな食べ物は？
- 睡眠時間は何時間？
- 朝は何時に起きる？
- お風呂は週に何回入る？時間帯は？
- 一日一回お通じ（排便）はある？

第4章

認知症の理解
（入門講座4時間）

学習のまとめ

1 認知症とは

　日本の認知症の人の数は、2012（平成24）年で約462万人で、65歳以上の高齢者の15％にあたります。さらに2018（平成30）年には認知症の人の数は500万人を超え、2025（令和6）年には約700万人にもなるといわれ、65歳以上の高齢者の約5人にひとりが認知症になると見込まれています。（→**スライド1**）

スライド1　認知症高齢者の将来推計

このように、認知症は誰でもなり得るものであり、今後は認知症の人が認知症とともに、より良く生きていくことができるように、できる限り住み慣れた地域の良い環境で、自分らしく暮らしていけるような支援が必要になります。

　認知症はどうして起こるのでしょうか。認知症の最大の危険因子は加齢です。脳は私たちのあらゆる活動をコントロールしている司令塔ですが、加齢やいろいろな原因でうまく働かなくなり、それによって精神活動も身体活動もスムーズに行うことができなくなります。特に精神的な活動を担っているのは、大脳の前の部分である「前頭葉」です。ここで「知性」「感情」「意思」「記憶」「ことば」などを処理し、自分の経験や知識などを照合して、それがなんであるかを認識する、言い換えれば認知するところで、高度の処理機能を担っています。（→**スライド2**）

スライド2　脳の処理機能

脳はあらゆる活動をコントロールする司令塔

精神的な活動
　＊知性
　＊感情
　＊意思
　＊記憶
　＊ことば

前頭葉

　認知症は、この脳の細胞がいろいろな原因で死んでしまったり、働きが悪くなってしまったことで障害が起こり、記憶をはじめとする複数の認知機能が低下し、日常生活や社会生活が、これまでのように送れなくなった状態です。日本の認知症の原因となる疾患は、1980年代までは脳血管性が最多でしたが、近年ではアルツハイマー病が最も多くなっています。

学習のまとめ

2 認知症の種類

(1) アルツハイマー型認知症

　認知症の中で一番多いのがアルツハイマー型認知症で、男性より女性に多くみられるのが特徴です。はっきりした原因はいまだに不明ですが、今現在では、病理学的な特徴とされる老人斑（アミロイドβ）や神経原線維の変化により、神経細胞が減少することで発症すると考えられています。（→**スライド3**）

スライド3　老人斑（アミロイドβ）

脳を顕微鏡で観察すると、
神経細胞と神経細胞の間に
老人斑(シミのようなもの)や神経細胞の中に
神経原線維変化(糸くずのようなもの)が
みられる
そして老人斑や
神経原線維変化の増加に伴い
神経細胞が減少する

脳細胞

アミロイドβ

　脳の神経細胞が減少することで脳が小さく萎縮してしまい、徐々に症状が進行していきます。（→**スライド4**）

スライド4　大脳皮質の著しい萎縮

脳全体(特に側頭葉や頭頂葉)が萎縮していく
成人では通常1,400g前後ある脳の重さが、
発症後10年位たつと800〜900g以下に減小する

正常な脳と比べて
大脳が小さくなる

⑵　脳血管性認知症

　脳血管性認知症は、病気や事故をきっかけに発症するのが特徴的で、脳の血管障害である脳梗塞や脳出血によって、脳内に血のかたまりができ、その部分の脳細胞が死んでしまうことで起こる認知症です。（→スライド5）

スライド5　脳血管障害

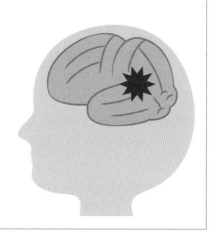

脳梗塞
　脳の血管が詰まる

脳出血
　脳の血管が破れる

　脳細胞が死んでしまう場所により、失われる機能にも個人差がみられます。脳血管性認知症は認知症全体の約20%を占め、女性より男性に多くみられるのが特徴です。

　主な症状は、日常生活に支障をきたすような記憶障害などで、他の認知症をきたす疾患と大きな違いはありません。しかし、症状の現れ方は特徴的で、突然症状が出たり、落ち着いていると思うと急に悪化したりを繰り返すことがしばしばみられます。また、ある分野のことはしっかりできるのに、他のことでは何もできないなどから、「まだら認知症」とも呼ばれています。

　さらに、歩行障害、手足の麻痺、呂律が回りにくい、パーキンソン症状、転びやすい、排尿障害（頻尿、尿失禁など）、抑うつ、感情失禁（感情をコントロールできず、ちょっとしたことで泣いたり、怒ったりする）、夜間せん妄（夜になると意識レベルが低下して別人のような言動をする）などの症状が早期からみられることもあります。

学習のまとめ

学習のまとめ

(3)　レビー小体型認知症と前頭側頭型認知症

　「レビー小体型認知症」は、大脳の皮質の神経細胞内に「レビー小体」と呼ばれるたんぱく質が溜まることによって起こります。現在はアルツハイマー型認知症に次いで患者数が多く、男性に多くみられるのが特徴です。病状が進行してくると、幻覚（幻視）が現れやすく、同時に身体の硬直が始まり動作全般が遅くなります。パーキンソン病の症状に類似しているのもレビー小体型の特徴のひとつです。

　「前頭側頭型認知症」は、記憶障害よりも性格・行動面の変化が目立ちます。主に人格を司る前頭葉と言語を司る側頭葉が萎縮する病気で、怒りっぽくなるといった人格面での変化に始まり、最終的には重度の記憶障害を引き起こします。脳の神経細胞内に「ピック球」と呼ばれる物質がみられることから「ピック病」と総称されています。発症率は低いですが、多くの人が40〜60歳代で罹患しており、「若年性認知症」とも呼ばれています。男性が女性より約2倍多く発症しています。

　レビー小体型認知症と前頭側頭型認知症は、鍵となる脳内構造物が明らかになりつつあるので、これによって原因の解明が期待できる認知症といえます。（→**スライド6**）

スライド6　レビー小体型認知症・前頭側頭型認知症（ピック病）

(4)　軽度認知障害（MCI：Mild Cognitive Impairment）

　徐々に進行していく認知症は、まだ認知症にはなっていないけれど、年齢相応の認知機能レベルの時期があります。このような健常と認知症の境目にいる時期を「軽度認知障害」と呼んでいます。この状態に該当する高齢者も増えており、厚生労働省によると、軽度認知障害に該当する65歳以上の高齢者は400万人いるといわれており、高齢者のうち約4人にひとりがこの"認知症予備軍"に該当するという計算になります。軽度認知障害を放置しておくと、将来的に症状が悪化する可能性が非常に高く、5年間この状態を放置していると約50％の人が認知症になるといわれています。

3 認知症の症状

軽度認知障害から認知症にならないようにするには、周囲の人が早くその変化を見つけてあげることが重要です。本人は自分の症状の変化に気づくことはありません。周囲の人の"気づき"から始まるのも、認知症の特徴になります。

(1) 中核症状

脳の細胞が壊れることによって直接起こる症状を「中核症状」といいます。記憶障害、理解・判断力の障害、実行機能障害、見当識障害などです。これらの中核症状のため、自分の周囲で起こっている現実を正しく認識できなくなります。（→**スライド7**）

スライド7　中核症状

記憶障害 物事を覚えられなくなったり、思い出せなくなる	**認知の障害** 考えるスピードが遅い 家電やATMなどが使えない
実行機能障害 計画や段取りをたてて行動できない	**見当識障害** 時間や場所、やがて人との関係が分からなくなる

学習のまとめ

① **記憶障害**

　過去の記憶は保たれているのに、新たに何かを覚えたりすることが難しくなります。記憶力の中でも特に記銘力障害、言い換えれば「さっきのことが思い出せない」ことが目立ちます。（**→スライド8**）

スライド8　記憶とは何か

> **Q 昨日の晩ごはん、何を食べましたか？**
>
> 記憶のプロセス
> 　　　1 記銘力： 情報を覚える力
> 　　　2 保持力： 情報を保つ力
> 　　　3 想起力： 情報を思い出す力

　また、他人の言うことが理解できず会話の内容が空虚になったりします。物を置いた場所を忘れてしまい歩き回る、どこかに置き忘れても探し出すことができないなど、認知症の初期症状ではよくあります。脳の機能が衰えてくると直前に起こったことや、話した内容の記憶が難しくなり同じことを何度も繰り返し言ったり、食事したことを忘れて「ご飯はまだかい」などと何度も聞いてくることです。「さっき食べたでしょ」と返答して納得してもらえるならばよいのですが、本人はどうしても腑に落ちず、また同じことを繰り返します。また、すでに冷蔵庫にたくさん入っている食品を繰り返して買ってくるということも少なくありません。

　認知症が進行し記憶力が著しく低下すると、物をしまった場所が思い出せなくなります。そのため一度探し物を始めると、タンスの棚から押入れの中まで部屋の隅から隅までを探すようになります。探し物を見つけ出すまでは不安な気持ちでいるため、散らかした物を元に戻す、片づけるといった余裕はありません。

② **認知障害（思考・判断力の障害）**

　思考障害や判断力の障害がでると、周囲の状況を理解することができず、どのように行動してよいかわからなくなります。突然急に怒り出したり、逆に塞ぎ込んだりと感情の起伏が激しくなることもあります。今まで熱心に打ち込んでいた趣味に対して、急に無関心になるなどの兆候がみられる場合は注意が必要です。

　また、脳の機能障害により認知障害には「失語、失行、失認」があります。失語とは、言葉の理解ができないこと、しゃべりたい言葉がしゃべれないことです。失行とは、運動機能に関する障害はないのに、意味のある動作、例えば「くわえたタバコにライターの火をつけること」ができないような障害をいいます。失認とは、感覚に関した機能は損なわれていないのに、対象を正しく認知・認識できないことです。よくあるのは、方向感覚の悪さで、何度も行ったことのある娘の自宅を訪ねようとして道に迷うような例です。

③ **実行機能障害**

　私たちは日頃から行動する時、無意識に計画を立てその準備をし、首尾よくこなしていく能力、「段取り能力」を使い実行しています。このことを実行機能といいますが、認知症になるとこの機能が低下し、段取りがわからず混乱してしまいます。例えば「お味噌汁を作るために鍋を出して、次の手順がわからなくなり、何も入れずにからのまま火にかけてしまう」や「料理のレパートリーが減り、限られたメニューを繰り返し作る」などがみられます。また、作業を完遂せず、やりかけのまま忘れてしまうので、何かひとつの作業に没頭していても、別のことに関心が移ればやりかけのまま別の行動に移ってしまいます。（→スライド9）

スライド9 実行機能障害

目的に合わせた手順の組み立てが
できなくなる

次にどのように行動してよいかわからず、
混乱して徘徊が生じる

　また、きれい好きだった人が掃除をすることができなくなり、部屋が散らかったままでも平気でいるというようなことも起こります。

学習のまとめ

学習のまとめ

④　見当識障害（場所・時間）

　　見当識は記憶と密接に関連し、記憶障害があると見当識も正常に機能しなくなります。自分が経験した事柄が正しく記憶されているからこそ、今が何時でどこにいてどのような人物と会っているかがわかるのです。外出しても自力で帰宅できない、散歩や買い物などで外出しても、自宅の場所が思い出せなくなり帰宅できないなどは、この見当識障害から起こっています。（**→スライド10**）

スライド10　　見当識障害

見当識	見当識障害
今年は何年？ 今の季節は何？ 今何時？ 今どこにいる？ そばにいる人は誰？	という認知能力が障害されている状態 まず時間、そして場所の順に分からなくなる

　　また、高齢者施設に入所していることが見当識障害によって理解できず、以前住んでいた自分の住まいに帰らなければと思ってしまい、その結果「本当の家」に帰ろうとして歩き回る、トイレの場所などがわからなくなり、探して歩き回ることがよく起こります。これを「徘徊」と呼んでいますが、本人にとっては当然の行動なのです。

　　このように、中核症状が原因で起こる症状を「周辺症状」といいます。

⑵　**周辺症状（BPSD：Behavioral and Psychological Symptoms of Dementia）**

　認知症は記憶障害を中心とした認知機能障害であり、物忘れや見当識障害、判断力の障害などの中核症状が生まれ、その結果さらにいろいろな症状が出現します。（**→スライド11**）

　スライド11　周辺症状（BPSD）

　それは、徘徊や攻撃的言動、危険行為などの様々な症状で、「周辺症状（BPSD）」といいます。認知症の人の心理というと、何か特別で独特な性格があるように思われますが、認知症の中核症状から周辺症状が起こり、さらにその人の性格があって、とる行動も人それぞれです。つまり、もともとの性格に認知機能障害などの様々な認知症の症状が加わって、現在のその人の行動を形成しているといえます。（**→スライド12**）

　スライド12　行動障害

周辺症状＝様々な行動　出ない人もいる

認知機能障害が原因で中核症状が出現し、その結果様々な症状「周辺症状」が現れることがある

周辺症状は認知機能障害などが原因で起こる行動上の障害であり、出現するには原因がある

問題行動　➡　行動障害

　「行動障害」は、認知機能障害などが原因で起こる行動上の障害であり、その出現には何か原因があるので、怒ったり、いさめたりすることは逆効果になります。

学習のまとめ

学習のまとめ

4 認知症の行動・心理症状

認知症者の心理は、その病気の種類や程度によっても異なり、さらに1日の中でも様々な変化を示すことなどから、その特徴について一概に指摘できない部分もあります。

1. 不快
2. 不安
3. 混乱
4. 被害感
5. 自発性の低下や抑うつ
6. 揺れ動く感情
7. 行動を取り繕う行為

このような心理状態の方に対して、現在提唱されている認知症ケアに「パーソン・センタード・ケア」があります。1980年代末に英国の心理学者（故）トム・キッドウッド教授によって提唱された、認知症高齢者をひとりの人として尊重し、「その人の視点や立場に立って理解しながらケアを行う」という認知症ケアにおける考え方のひとつです。提唱された当時、世界中に大きな影響を与え、日本でも徐々に普及しつつあります。パーソン・センタード・ケアを実践する上では、認知症の方が「何を必要としているのか」「何を求めているのか」といった認知症の人の心理的ニーズを理解することが重要になります。トム・キッドウッドは、認知症の人のもっている「心理的ニーズ」を理解する上で「ひとりの人間として無条件に尊重されること」を中心として、「共にあること」「くつろぎ」「自分らしさ」「結びつき」「たずさわること」という6つのことが重要であると考え、それを「花の絵」で表現しました。（→**スライド13**）

スライド13　「心理的ニーズ」を理解する6つのこと

(1) 睡眠障害

　認知症高齢者の約30％に睡眠障害がみられます。その背景には、睡眠・覚醒リズムの乱れがあります。1日のうちにも日中の居眠りや夜間の覚醒が頻繁にみられ、睡眠・覚醒の正常なリズムが崩壊します。アルツハイマー型認知症の睡眠障害は、夜間の睡眠持続障害を主とする夜間睡眠の分断とレム睡眠行動障害が特徴です。また、レビー小体型認知症でもあらわれます。

　また、睡眠時に10秒以上の呼吸停止が1時間当たり5回以上出現し、睡眠を中断させたり、熟眠を妨げたりする、睡眠時無呼吸症候群の出現が頻繁に起こります。

(2) 夕暮れ症候群・夜間せん妄

　夕暮れ症候群とは、午後から日没頃になると徘徊や興奮、攻撃、叫び声、介護に抵抗するなどの不穏な行動や、とんとんたたく、シーツをつかむ、身体をひっかく、などの奇妙な行動がみられます。

　せん妄とは、高齢者に多く発症する一種の意識障害です。突然暴れだしたり、意味不明なことを口走ったり、攻撃的になるなどの症状が突然出現します。数時間から数週間にわたり症状が継続します。症状が時間とともに変化するのもせん妄の特徴です。夜間せん妄とはこのような症状が夜間になると起こることをいい、原因は明らかではありませんが、注意障害や認知機能障害の背景には夜間せん妄が関連しているといわれています。**(→スライド14)**

スライド14　夕暮れ症候群・夜間せん妄（対応方法）

≪対応方法≫
原因は明らかではありませんが、
夕暮れになり周りが暗くなることで、
不穏が始まるのではないかと考えられています
環境の変化をさけ、やさしく声をかけ
さみしい気持ちが起きないように
配慮するなどを心がけます

学習のまとめ

学習のまとめ

(3)　人物誤認

　人物誤認とは人物を同定することができなくなる症状で、まったくの他人を知人と確信したり、反対に知人をまったく知らない人と誤認する症状で、比較的高い頻度で認知症高齢者にみられます。「身近な人間がそっくりの他人にすり替えられてしまった」「他人が自分の家に住み込んでいると確信する」「鏡に映った自分を自分自身と認識できず、他の人と取り違えるため、鏡に向かって話しかけたり、食べ物を与えようとする行動」などがあります。（→**スライド15・16**）

スライド15　人物誤認（対応方法）

≪対応方法≫
発症要因が妄想や幻覚が基盤になっていることが多いので、誤認に対する訂正は不可能である
むやみな説明や説得はかえって不信を招き、不穏となり介護者に攻撃や拒否をもたらす要因になる
誤認の対象となる人物の多くは
ごく身近な家族が多く、
介護スタッフへの誤認は少ない

スライド16　人物誤認（家族へのサポート）

≪家族へのサポート≫
誤認された時にはちょっと距離を置き、
できるだけ適度な距離を保つ工夫をする
「ちょっとトイレに行ってくるね」
「また後で話を聞きに来るね」
とその場を数分離れる

(4) 徘徊

何らかの刺激によって気分が高揚している場合や、不安が生じている場合は、それ以上の環境の変化を避け、本人が安心して暮らせるような環境を作る必要があります。言葉によって説明するよりも、本人を取り巻く状況を穏やかなものにして、ゆっくりした時間をもつことも大切です。また、何か役割をとってもらうことで、安心感につながり徘徊が軽減することもあります。徘徊は、場所の見当識障害や記憶障害から、現在の住まいを自分の家と認識することができず生じている場合も多く、「家に帰りたい」という気持ちをくみ取ることが必要です。何度でも同じことを繰り返すことが多いのですが、一旦気持ちを別のことに向けるなど、根気よく声かけをして不安の除去に努めます。
(→スライド17・18)

スライド17 現在の住まいを自分の家と認識できず徘徊が生じている場合

「帰る家にはご飯の用意がされていないので、
こっちで食べてから帰りましょう」
「今日はもう電車がないから、
明日一緒に行きましょう」
「今日は実家に帰る連絡だけ入れておきましょう」
など一旦気持ちを別のことに向ける

否定
しない

スライド18 自分の持ち物を探して徘徊が生じている場合

探し物をしているという本人の気持ちを尊重する
本人の気持ちを理解するところから始める
本人と一緒に探す
本人の見つけやすいところにさりげなく置いておく
「長い間探し続けて疲れたので一休みしましょう」
「後で探すのを手伝うので、お茶でも飲みませんか」

否定
しない

認知症症状が重度になる頃には、身体面では「やせ」が進むとともに、運動機能にも支障をきたし、いつも失禁するようになります。衰弱が徐々に進むとともに、様々な病気にかかりやすくなり、これが最終的に死に結びつきます。死因としては、誤嚥性肺炎や尿路感染に由来する敗血症などが多いとされます。

学習のまとめ

5 認知症の治療

　動作の一つひとつが遅くなったり、人の名前を思い出せなくなったりと、人間は年をとるとともにあらゆる機能に衰えがみえるようになります。しかし、一連の症状が年相応な衰えによるものなのか、それとも認知症を発症しているのかどちらなのかという判断で、今後の対応は大きく変わってきます。

　認知症の診断には、一般的に「長谷川式認知症スケール」が用いられます。これは「あなたの年齢はいくつですか？」といった初歩的な質問に始まり、計算式や暗記などを回答していく知能評価テストです。30点満点で20点以下だと認知症の疑いがあるとされています。その他にも、最近では、CTやMRIで脳の形状を測ることが可能になり、脳の萎縮がみられるアルツハイマー型認知症の発見が容易になりました。

　現在は、薬により認知症の進行を遅らせることが可能になりました。また、薬に頼るばかりでなく、テキストを用いた脳トレや、指先や全身を動かすことで老化の防止につなげるエクササイズなども登場しており、様々な面で認知症対策が講じられています。認知症は早期発見が決め手となります。いつの間にか症状が著しく進んでいたとならないためにも、普段から高齢者の場合は様子に気を配るようにしましょう。

(1)　薬物療法

　認知症は今現在、完全な治療法がありません。そのまま放置してしまうと、コミュニケーションをとることが難しくなり進行が進みます。一方で、完治が困難ではあるものの、早期に認知症を発見し適切な処置をすることで、認知症の進行を大きく遅らせることは可能です。現時点での認知症の治療薬とは、基本的にアルツハイマー病に対するものです。なお、脳血管障害の治療薬は多いのですが、脳血管性認知症自体を対象にする薬剤はありません。(→スライド19)

スライド19　認知症の治療薬

	商品名(一般名)	種　類
飲み薬	アリセプト®(ドネペジル)	錠剤・D錠・ドライシロップ・細粒・ゼリー剤
	レミニール®(ガランタミン)	錠剤・OD錠・液剤
	メマリー®(メマンチン)	錠剤・OD剤
貼り薬	イクセロン®パッチ(リバスチグミン)	パッチ剤
	リバスタッチ®パッチ(リバスチグミン)	パッチ剤

(2) 非薬物療法

非薬物療法は、生活の中で活動性を高めて規則正しい生活を行い、睡眠障害やBPSD（行動・心理症状）を改善する方法です。様々な活動を通して、楽しい時間や心地よい感情体験をすることで、不安が軽減したり、イライラ感が減少したり、歩き回る行動が減少します。また、他の人々とよく交流することができ、コミュニケーション能力が促進されることもわかってきました。

① 回想法

回想法は、認知症の方でも比較的保たれている長期記憶を生かせることや、一人ひとりの経験や思いを尊重できることから注目されています。高齢者が語る様々な人生史に心を込めて耳を傾け、その気持ちを尊重します。また、人生の先輩としての尊敬の念をもって対応することで、様々な問題を抱えた高齢者が、気持ちよく暮らすための心の安定を図る技法です。（→**スライド20**）

スライド20 昔の遊び

学習のまとめ

学習のまとめ

② **音楽療法**

　音楽には、身体的、心理的、社会的、認知的な状態に作用する力があり、活動における音楽のもつ力と人とのかかわりを用いて、認知症の方を多面的に支援することができます。言語を用いたコミュニケーションが難しい人に対しても、有効に活用できる方法です。QOLの向上に導く方法になります。（**→スライド21**）

スライド21　音楽療法

　非薬物療法は、成功体験により喜びをもたらすことができます。利用者が作業活動に失敗することなく、成功することから喜びや自信を取り戻す場となることが大切です。もし、失敗しそうなものでも、利用者がやりたいという願望は拒否せず、失敗させないようにするサポートが必要になります。視覚的な情報提示を心がけ、利用者の理解や反応をより高めるためには、手本を示したり見本を示したりします。また、肯定的なコミュニケーションを心がけ、賞賛する言葉、受容的な言葉を一貫して多用することで、他人から認められているという感情がわき、そのことが存在感につながります。

　あらゆる活動への参加は無理強いせず、相手が興味・関心を示すもの、また、示した時にさりげなく活動に導くことや賞賛することから、活動への動機づけを高めます。生活環境の変化から、生活リズムや集団での活動になじめず、混乱や不安、拒否的な場合には個別対応を優先します。

6 国の施策

学習のまとめ

≪認知症サポーター≫

　認知症に対する正しい知識と理解をもち、地域で認知症の人やその家族に対してできる範囲で手助けする「認知症サポーター」を全国で養成し、認知症高齢者などにやさしい地域づくりに取り組んでいます。

　認知症サポーター養成講座は、地域住民、金融機関やスーパーマーケットの従業員、小、中、高等学校の生徒など様々な方が受講しています。

　認知症サポーターに期待されることは次の５つです。

　１．認知症に対して正しく理解し、偏見をもたない。

　２．認知症の人や家族に対して温かい目で見守る。

　３．近隣の認知症の人や家族に対して、自分なりにできる簡単なことから実践する。

　４．地域でできることを探し、相互扶助・協力・連携、ネットワークをつくる。

　５．まちづくりを担う地域のリーダーとして活躍する。

（**→スライド22・23**)

学習のまとめ

スライド22　考えてみよう！「認知症の方の生活」
　　　　　もしもあなたが…

もしもあなたが…
- あなたはバスに乗っています。
- バスにどうやって乗ったか覚えていません。
- バスがどこに行くのかわかりません。
- 外は全く見慣れない景色です。
- 突然知らない人が声をかけてきました。
- 知らない人はあなたの事を知っているようです。

あなたはどのような行動をとりますか？

スライド23　考えてみよう！「認知症の方の生活」
　　　　　どんな感情が生まれますか…

どんな感情が生まれますか…
怖い？
不安？
逃げ出したくなる？
とにかくバスを降りる？
泣きたくなる？
自分の身を守る？
人にだまされている？
あなたはどのような行動をとりますか？

第**5**章

障害の理解
（入門講座2時間）

学習のまとめ

障害者基本法によると、「障害者」とは「身体障害、知的障害又は精神障害（発達障害を含む）があるために、長期にわたり日常生活又は社会生活に相当な制限を受ける状態にあるもの」とあります。

---

1 身体障害

身体障害者とは、「身体に障害があり、その程度が身体障害者福祉法施行規則別表第５号の１級から６級に該当する者であって、身体障害者福祉法第15条第４項の規定により身体障害者手帳の交付を受けた者」とされ、なおかつ18歳以上の者となっています。また、その障害は「永続するもの」とされており、治療が終了してなおかつ、その障害が将来にわたって、回復の可能性が極めて少ないものをいいます。

（1）　視覚障害

①　見える仕組みと主な病気と障害

視覚器は、外界からの光を虹彩によって調整し、角膜、房室、水晶体、硝子体を通して、網膜で像を結びます。網膜は薄い膜で眼球を覆っています。そこでとらえた光の情報は視細胞によって光を吸収し、神経回路を通じて脳の視覚中枢に伝達され、初めて映像として認識されます。（→**スライド１**）

スライド１　視覚器

学習のまとめ

　視覚障害は何らかの原因によって、その経路のどこかに障害が生じ視力の低下や視覚異常が起きている状態をいいます。視力の程度により「盲」と「弱視」があり、盲とは視覚を活用して日常生活を営むことが困難な状態をいいます。また、高齢者の目の主な病気には以下があります。

糖尿病性網膜症：糖尿病の合併症として発症し、高齢者の目の病気としては最も多い疾病といわれています。糖代謝異常によって網膜や硝子体が出血し、網膜剥離を起こして中途失明になります。

緑内障：眼球内の房水が外に排出しにくいため、眼圧が高くなります。さらに、視神経の損傷により視神経萎縮が生じ、視野が狭くなり、場合によっては失明することもあります。

白内障：水晶体の混濁が生じることによって物体がかすんで見えたり、ぼやけて見えたりする疾患です。老人性白内障などがあります。

② 視覚障害者への対応とコミュニケーション機器

　視覚障害者の移動手段には、白杖（盲人安全つえ）、手引き歩行、盲導犬による歩行、電子機器を活用する歩行などがあります。日常生活における介護では、物の位置を念頭に入れながら生活されているので、部屋の物の位置が変わると探すことが難しくなるため、場所の移動は勝手にしないようにします。食事では食器の位置や料理の種類などを説明します。位置を知らせるのにクロックポジションの方法を用いると、視覚障害者が記憶しやすくなります。

　コミュニケーションを図るための福祉用具としては、点字タイプライター、点字器などがあります。日常生活用具では体重や時計などがあります。（→スライド2）

スライド2 視覚障害者の移動手段・コミュニケーション機器

点字ブロック　　　　点字器　　　　クロックポジション

学習のまとめ

(2)　**聴覚・言語障害**
①　**聞こえる仕組みと話す仕組みと主な病気と障害**

　　耳の形は音を効果的に受けとれるような仕組みになっています。空気のふるえが外耳を通り、鼓膜をふるわせ中耳から内耳に伝わります。さらに内耳の中の液体をふるわせることで感覚細胞に伝わり、そこから脳に信号が送られ聞こえたと感じます。ほとんど聞こえない状態を「ろう」、少しは聞こえる状態を「難聴」といいます。

　　人間の声は声帯から発せられ、口や舌の動きで言葉を作りますが、この発生や発語をコントロールしているのは脳です。脳の運動性言語中枢というところがこれをつかさどっており、この部分が損傷を受けると、言葉を聞いて理解することはできてもしゃべることができなくなります。（**→スライド3**）

スライド3　　聞こえる仕組みと話す仕組み

　　高齢者の聴覚の障害には「老人性難聴」があります。原因は鼓膜や耳小骨の老化により、内耳の聴神経が障害されることで起こります。少しずつ聞こえにくくなるので本人も気づきにくく、また、高音域の音が聞こえにくくなるのも特徴です。

　　「言語障害」は発声発語器官のどこかに異常が起こったために、正しい発音ができなくなる「構音障害」と、大脳にある言語領域に異常が起こったために言葉を使うことができなくなる「失語症」の2つに分けられます。

②　**聴覚・言語障害者への対応とコミュニケーション機器**

　　手話は「ろう者」といわれる先天的聴覚障害者が用いる、コミュニケーション手段です。筆談は、紙などに書いていくため正確に伝えることができ、健聴者にも手軽にできるコミュニケーション方法です。

　　コミュニケーションを図るための福祉用具としては、発語が困難な人などが利用するトーキングエイドがあります。これは文字を押すと相手に音声で言葉を伝えることができる機器です。また、パソコンなどを利用し文章を打ち込んだものを相手に見せて伝えるなど、身近なものでコミュニケーションを図っています。

(3) 肢体不自由

　肢体とは、上肢や下肢、体幹（胴体）をいいます。何らかの原因でそれらに障害が起き、動きが悪くなったことを肢体不自由といいます。主な原因には脳（脳梗塞、脳出血）や脊髄などの障害で、その後遺症で麻痺が起きます。（→**スライド4**）

スライド4　脳卒中

突然に起こるのが脳卒中＝脳血管障害の特徴

麻痺が起きやすい
　脳梗塞
　脳出血

麻痺が起きにくい
　くも膜下出血

　麻痺の種類は次のようなものがあります。（→**スライド5**）
　　単麻痺：手足のうち一肢に麻痺がみられます。
　　片麻痺：右半身麻痺と左半身麻痺があり、脳卒中などにみられます。
　　対麻痺：両下肢の麻痺で、脊髄損傷などにみられます。
　　四肢麻痺：上肢と下肢の麻痺で、頸髄損傷などにみられます。

スライド5　麻痺の種類

単麻痺　　　片麻痺　　　対麻痺　　　四肢麻痺

学習のまとめ

学習のまとめ

（4）　内部障害

　　内部障害には、身体障害者福祉法により、「心臓機能障害」「腎臓機能障害」「呼吸器機能障害」「膀胱または直腸機能障害」「小腸機能障害」「ヒト免疫不全ウイルスによる免疫機能障害（エイズ）」「肝臓機能障害」の7つがあります。

①　心臓機能障害

　　心臓は全身に血液（酸素や栄養）を送るポンプの役割をしていますが、正常なポンプ機能を営むことができなくなり、心不全や狭心症症状（呼吸困難、胸痛、動悸、息切れ、下肢や顔の浮腫（むくみ）・倦怠感（だるさ）など）などを起こし、日常生活活動に支障をきたす状態のことをいいます。代表的な心疾患としては、虚血性心疾患（心筋梗塞・狭心症）、心不全、不整脈などがあります。（→スライド6）

スライド6　虚血性心疾患（心筋梗塞・狭心症）

心臓に栄養と酸素を送るのは
冠状動脈

心筋梗塞は血管がつまり
血流がとまる

狭心症は血管が細くなり
血流が悪くなる

②　腎臓機能障害

　　腎臓は血液をろ過し、不必要となったものを尿として排泄する働きをします。この働きが障害される病気には慢性腎不全があります。症状には高血圧、尿の異常（血尿、たんぱく尿など）、浮腫（むくみ）などが起こります。（→スライド7）

スライド7　慢性腎不全

主に糸球体ろ過量が低下した腎機能障害

急性腎不全
　　急速に

慢性腎不全
　　数か月～数年

毛細血管が詰まった
糸球体で血液をろ過する

③　呼吸器機能障害

　　肺の働きは身体に酸素を取り入れ、二酸化炭素を吐き出すことです。
その働きが低下する病気には慢性閉塞性肺気腫があります。
主な症状として、呼吸困難、痰の増加、喘鳴（ぜいめい）（ゼーゼー、ヒューヒュー
といった音が聞かれる）などがあります。（→**スライド8**）

スライド8　慢性閉塞性肺疾患（COPD）

長年の喫煙歴がある40歳以上の人に多い

咳
痰
呼吸困難

健康な肺　　　　　COPDの肺

学習のまとめ

学習のまとめ

② 知的障害

　知的障害は、脳の病気や脳が十分に成長していないため、知的機能に障害が起こり、知的能力の発達が遅れている状態をいいます。意思の伝達や自己管理能力、学習能力などに障害が起こります。周囲の変化に対応できなかったり、身のまわりのことが十分にできないなど、生活を営む上で支援の手が必要になりますが、知的障害のある人はそのような知的機能を"たまたま"備えていないということを理解し、個を尊重した支援が大切です。（→スライド9）

スライド9　知的障害によくみられる行動

> 向かい合う指導は、左右が逆になり混乱する
> 一度に複数のことを伝えても覚えられない
> 幼稚な行動が多い（甘え、泣くなど）
> 怒られることを恐れ、口ごもったままでいる
> 自分の思いをうまく伝えられない
> 洋服をひとりで着る、たたむなど簡単なことでも
> 身につけるのに時間がかかる

3 精神障害

学習のまとめ

(1) 精神障害の定義

　「精神保健及び精神障害者福祉に関する法律」第5条には、「精神障害者とは統合失調症、精神作用物質による急性中毒又はその依存症、知的障害、精神病質その他の精神疾患を有する者をいう。」と明記されています。

《統合失調症》

　統合失調症は主として思春期から青年期に発病し、多くは再発を繰り返しながら慢性的に経過します。

　精神症状には陽性症状「幻覚（実際には存在しない声や音が聴こえる幻聴や、実際には存在しない人の姿などが見える幻視など）」「妄想（現実にはありえないことに強い確信をもち、訂正不能となるもの、誰かに迫害されるという被害妄想など）」などがあります。

　陰性症状は正常の精神機能の減弱と考えられるもので、「意欲や自発性の低下」「引きこもり」「表情が乏しくなる」などの症状があります。（→スライド10）

スライド10　統合失調症

内因性精神障害：内的素因に基づくとする考え方
原因不明性であるが、遺伝的素因もある

100人にひとり弱（頻度の高い病気）
早期発見や早期治療、薬物療法と本人・家族の協力、
再発予防のための治療の継続

学習のまとめ

⑵　発達障害の定義

　発達障害とは、「自閉症、アスペルガー症候群その他の広汎性発達障害、学習障害、注意欠陥多動性障害、その他これに類する脳機能障害であって、その症状が通常低年齢において発現するもの」とされています。認知・言語・情緒・行動などの発達に問題があり、なんらかの援助を受けないと日常生活を送る上で支障がある場合が多くなります。主な特徴はコミュニケーションや対人関係を作るのが苦手なので、「変わった人」「困った人」と誤解されることも少なくありません。発達障害の症状は、障害の程度や年齢、生活環境などによっても異なります。
（→スライド11）

スライド11　発達障害の症状

4 難病

　難病は、「原因不明で治療方法が未確立であり、かつ、後遺症を残すおそれが少なくない疾病」「経過が慢性にわたり、単に経済的な問題のみならず介護などに著しく人手を要するために家庭の負担が重く、また精神的にも負担の大きい疾病」とされています。

　難病のひとつにパーキンソン病があります。（**→スライド12**）

スライド12　パーキンソン病

英国医師ジェームスパーキンソン

運動神経系の難病

中脳のドパミン産生の障害

運動機能に障害が起こる

パーキンソン病の4微候
①安静時振戦　②筋固縮
③無動・寡動　④姿勢反射障害

　パーキンソン病の症状には、安静時の手足の震え、筋肉が固くなる、身体の動きが悪くなる、姿勢を保つ力が障害されるなどです。そのため、立ち上がり時にバランスを崩したり、歩行開始時に突進したりするなどの障害が起きます。

学習のまとめ

学習のまとめ

5 障害者福祉の基本理念

(1) ノーマライゼーション

　　ノーマライゼーションとは、「障害者を特別視や排除するのではなく、障害をもっていても社会の中で、その人が望む生活が送れるような条件を整え、共に生きる社会こそノーマルな社会である」という考え方です。この概念はデンマークのバンク・ミケルセン（Bank-Mikkelsen）により初めて提唱され、スウェーデンのベングト・ニィリエ（Bengt Nirje）により広められました。

　　ニィリエはノーマライゼーションの達成のためには、8つの原則が必要であり、それが可能となる経済条件、住宅、地域社会を構築しなければならないと述べています。(→**スライド13**)

スライド13　ノーマライゼーションの8つの原則

(2) インクルージョン

　　障害児の分野で取り上げられた理念で、身体的、知的、情緒的、社会的、言語的などの条件の違いはあっても、すべての子どもたちを地域の普通学校で受け入れなければならないという考え方です。近年はソーシャルインクルージョンという理念の下、世界各国でバリアフリーなどを実現して、すべての人々が平等に教育を受けたり、生活できる社会の構築が目標とされています。(→**スライド14**)

スライド14　バリアフリー（物理的バリア）・心理的バリア

「バリア」とはじゃまをするものという意味
「フリー」はそのようなじゃまなものがない
という意味
例えば、車いすを使っている人に
とっては、段差や階段があると
そこから先に自分の力だけで
進めない
スロープがあると進める

(3) **エンパワメント**

自分の内なる力を目覚めさせ、それを強化することをいいます。

(4) **リハビリテーション**

リハビリテーションとは単に訓練をさす言葉ではなく、障害をもった方が可能な限り元の社会生活を取り戻すことを意味します。それには障害自体が軽減するように機能訓練を行う必要もありますが、身体の不自由が残っても安心して生活ができるような社会を実現することも重要です。（→スライド15）

スライド15 機能訓練

学習のまとめ

学習のまとめ

(5)　国際生活機能分類（ICF）

　2001（平成13）年世界保健機関（WHO）は、以前の国際障害分類（ICIDH）を改定して、国際生活機能分類（ICF）を採択しました。ICFでは人間の「生活機能と障害」を、「心身機能・身体構造の障害」「活動」「参加」の3つからとらえています。さらに、「環境因子」「個人因子」「健康状態」も、人間の「生活機能と障害」に影響を与えるものとして考えられています。つまりその人を取り巻く「環境因子」や、個々人の特性などによる「個人因子」は、「生活機能と障害」に関連する大きな要因だということです。

　その人の生活や人生は、個々人の特性などが影響するのはもちろんですが、物的・社会的・人的環境も影響をしています。個人を取り巻く環境にも目を向け、個人を総合的にとらえることが必要です。

（→スライド16・17）

スライド16　　国際生活機能分類（ICF）

出典：厚生労働省資料に基づき作成

スライド17　　考えてみよう！「障害のある生活」

- 身体障害（体の自由が利かない生活）
- 知的障害
　（人と同じことが苦手、読み書き、計算が苦手）
- 身近に力を貸してくれる人はいる？

- 視覚障害（見えない生活）
- 聴覚障害（聞こえない生活）

6 支援のための基本姿勢

障害があるといってもその様子は様々であり、また個人によっても異なることを理解して支援します。そのためには、その障害がどのようなものであるかの基礎的な知識や、心身の状態や症状を含めた医学的な側面を理解することが助けとなります。もちろん、その人の個別性やニーズ（必要性）を踏まえた対応が大切であることはいうまでもありません。

障害や難病のある人の家族は、様々な心理を体験します。例えば自分の子どもの障害の告知を受けた時、それを受け入れるまでには様々な段階を経て受容に至ります。それは当然本人も同じです。家族に対しては、その努力を評価し尊重すること、不安や現状に対する共感を示し、共に考えることが大切です。

学習のまとめ

第6章

介護における安全の確保
（入門講座2時間）

学習のまとめ

1 介護の現場で起きやすい事故

　介護施設や介護サービスを提供する現場では、もちろん、安全への取り組みは行われていますが、人が人を援助するというこの現場では、ちょっとした気のゆるみが事故につながることもあり、事故を未然に防ぐことは永遠の課題です。機能低下があり免疫力の低下した高齢者への支援は、命に直結する極めて緊張感の高い現場だということを絶えず意識すること、事前の知識があることなどで予防できることも多くなります。

　介護現場で起きやすい事故には、「転倒・転落」「入浴時の事故」「誤嚥・誤飲」「食中毒」「感染症」などがあります。「転倒・転落」「入浴時の事故」「誤嚥」に関しては、第3章「基本的な介護の方法」で述べていますので、ここでは、「食中毒」と「感染症」についてまとめました。
（→スライド1）

スライド1　ハインリッヒの法則

2 食中毒

毎日食べている家庭の食事でも食中毒は発生します。普段当たり前にしていることが、思わぬ食中毒を引き起こすことがあります。風邪や寝冷えと思って食中毒とは気づかず、重症化することもあるので注意が必要です。

食中毒を引き起こす原因菌は「細菌」と「ウイルス」です。細菌もウイルスも目には見えない小さなもので、顕微鏡で拡大して初めて観察できる極めて微小なものです。

細菌は温度や湿度などの条件がそろうと食べ物の中で増殖し、その食べ物を食べることにより食中毒を引き起こします。

一方、ウイルスは低温や乾燥した環境の中で長く生存します。ウイルスは、細菌のように食べ物の中では増殖しませんが、食べ物を通じて体内に入ると、人の腸管内で増殖し、食中毒を引き起こします。

細菌が原因となる食中毒は夏場（6月～8月）に多く発生しています。その原因となる細菌の代表的なものは、腸管出血性大腸菌（O157、O111など）やサルモネラ属菌などです。（→**スライド2・3**）

スライド2 大腸菌

健康な人の大腸内で生息するが
環境中にも広く分布している

腸管出血性大腸菌O157、O111など
ある種の大腸菌は毒性の強いベロ毒素を出し、
腹痛や水のような下痢、出血性の下痢を引き起こす

スライド3 サルモネラ属菌

牛や豚、鶏、猫や犬などの腸の中にいる細菌

牛・豚・鶏などの食肉、卵などが主な原因食品
菌が付着した食べ物を食べてから
半日～2日後ぐらいで、
激しい胃腸炎、吐き気、おう吐、腹痛、下痢などの
症状が現れる

学習のまとめ

学習のまとめ

食中毒を引き起こす細菌の多くは、室温（約20℃）で活発に増殖し始め、人間や動物の体温ぐらいの温度で増殖のスピードが最も速くなります。また、細菌の多くは湿気を好むため、気温が高くなり始め湿度も高くなる梅雨時には、細菌による食中毒が増えます。一方、低温や乾燥した環境の中で長く生存するウイルスが原因となる食中毒は、冬場（11月〜3月）に多く発生しています。食中毒の原因となる代表的なウイルスであるノロウイルスは、調理者から食品を介して感染する場合が多く、ほかに二枚貝（カキなど）に潜んでいることもあります。

ノロウイルスによる食中毒は大規模化することが多く、高齢者施設でも毎冬多くの方が感染し、年間の食中毒患者数の5割以上を占めています。このように様々な原因物質によって、食中毒は1年中発生しています。（→**スライド4**）

スライド4　　ノロウイルス

> ノロウイルスは手指や食品などを介して、口から体内に入り感染する
>
> 腸の中で増殖し、おう吐、下痢、腹痛などを起こす
> ノロウイルスに汚染された二枚貝などの食品を
> 十分加熱しないまま食べたり、ノロウイルスに
> 汚染された井戸水などを飲んだりして感染するほか、
> ノロウイルスに感染した人の手やつば、ふん便、
> おう吐物などを介して、二次感染するケースもある

きれいにしているキッチンでも、食中毒の原因となる細菌やウイルスがまったくいないとは限りません。食器用スポンジやふきん、シンク、まな板などは、細菌が付着・増殖したりウイルスが付着しやすい場所といわれています。黄色ブドウ球菌は自然界に広く分布し、人の皮膚やのどにもいます。調理する人の手や指に傷があったり、傷口が化膿したりしている場合は、食品を汚染する確率が高くなります。汚染された食物を食べると、3時間前後で急激におう吐や吐き気、下痢などが起こります。（→**スライド5**）

スライド5　　黄色ブドウ球菌

> ほとんどは皮膚への感染
>
> 皮膚の損傷部、火傷部などに発生しやすい

食中毒を防ぐためには、細菌の場合は食べ物に

   ① 「つけない＝洗う、手洗い」

   ② 「増やさない＝低温で保存」

   ③ 「やっつける＝加熱処理」

という３原則が重要になります。

　また、ウイルスの場合は、ごくわずかな汚染によって食中毒を起こしてしまうので、ウイルスに「汚染されていない」①③が極めて重要になります。(→**スライド６**)

スライド６　正しい手の洗い方

出典：厚生労働省資料に基づき作成

家庭でできる食中毒予防６つのポイント　厚生労働省

学習のまとめ

学習のまとめ

3 感染と感染予防

(1) 感染とは

「感染」とは、何らかの病原体が人の身体に侵入して、そこで増殖を続けることをいいます。「感染症」とは、感染によって引き起こされた結果、病気になってしまった状態をいいます。**（→スライド7）**

スライド7　感染症の要因

①病原微生物の存在 ＝ 感染症を引き起こす病原微生物

②感染経路の存在　 ＝ 病原体が新たに感染症を起こす経路

③抵抗力の低下　　 ＝ 小児、高齢者など

感染経路には
① 接触感染（→**スライド8**）
② 飛沫感染（→**スライド9**）
③ 経口感染（→**スライド10**）
④ 血液感染（→**スライド11**）
があります。

スライド8　接触感染

感染の源に直接的あるいは間接的に接触することで病原体が付着し、さらにその病原体をほかにつけてまわることで感染する

「疥癬　黄色ブドウ球菌」

手洗い　清潔な衣服

スライド9　飛沫感染

感染源となる人が、せき、くしゃみ、会話などで
病原体を含んだ唾液が飛沫粒子として飛び散り、
近くにいる人がその飛沫粒子を吸い込み感染する

「インフルエンザ　結核」

うがい　マスク

学習のまとめ

スライド10　経口感染

汚染された食物や水などが口から入ることで
感染する

「ノロウイルス」

体力・免疫力をつける
食べ物の衛生

スライド11　血液感染

血液が傷口や粘膜に付着することにより、
引き起こされる感染症

「注射　輸血　歯の治療」

取扱い

学習のまとめ

学習のまとめ

（2）　**感染予防**

　　感染予防には、何が清潔なのか、どのように対応しないと清潔が保持できないのか、不潔なものの処理はどのようにして行うのか、などについて理解することが必要になります。感染を予防し破棄物を適正に処分することが、質の高い介護支援につながり、さらに高齢者や自分自身の身を守ることにつながります。

①　**標準予防策（Standard Precautions）（→スライド12）**

スライド12　　スタンダードプリコーション

スタンダードプリコーション：標準予防策

すべての血液、体液・分泌物（痰、唾液、嘔吐物）、排泄物（便・尿）、創傷皮膚、粘膜などは感染する危険性があるものとして取り扱う

---

②　**清潔、消毒法**

　　まず、普段行っている水拭きなどでの清掃で、清潔の保持に努めます。さらに、感染予防のためには多数の人の手が触れる場所や、身の回りのものは消毒することを勧めます。また、ノロウイルスや感染性の病気が疑われる場合は、普段より頻繁に消毒します。**（→スライド13）**

スライド13　　療養環境の清潔、消毒法

居室、トイレ、キッチンの清潔
血液、体液・分泌物、排泄物のついたもの

拭き取りは外側から行う

次亜塩素酸ナトリウム

次亜塩素酸ナトリウム

---

4 介護者の健康管理と感染対策

(1) 介護者の安全衛生対策

社会福祉施設では、安全・安心・快適な生活環境を利用者に提供することを最も重要な責務としています。そのためには、まずサービスを提供する施設職員の安全や健康が保たれていなければなりません。しかし、施設職員の業務は利用者の生活に密着して、食事・入浴・排泄などの生活支援と介助など広く多岐にわたり、特に腰部に負担のかかる作業が多いため、腰痛は切り離せない症状になっています。（→スライド14）

スライド14 社会福祉施設での労災の内訳

2017（平成29）年

- その他 21%
- 動作の反動・無理な動作（腰痛など）34%
- 転倒 33%
- 墜落・転落 6%
- 交通事故 6%

出典：厚生労働省資料に基づき作成

① 腰痛対策

腰痛は、業務上疾病の発生総数のうち6割以上を占めています。特に社会福祉施設では腰部に過重な負担のかかる作業が多いため、腰痛の発生しやすい状況にあり、予防対策が不可欠です。（→スライド15）

スライド15 腰痛とは

腰部を主とした痛みやはりなどの不快感といった症状の総称

動作要因：腰部に動的あるいは静的な過度の負担
環境要因：腰部の振動、寒冷、床・階段での転倒など
個人的要因：年齢、性、体格、筋力、
　　　　　　腰椎椎間板ヘルニア、
　　　　　　骨粗鬆症などの既往など

学習のまとめ

　介護の現場では、前かがみ・中腰での作業や腰のひねりを長く保つ作業が頻繁に行われます。こうした作業による腰部の負担を軽くするために、「適宜小休」「同一姿勢を長時間保たない」などを心がけます。また、福祉機器の利用により利用者の抱きかかえなどの伴う腰部の負担が軽減できます。**（→スライド16・17）**

スライド16　HAL®腰タイプ介護支援用

HAL®腰タイプ介護支援用は、移乗介助のような介助動作において腰部にかかる負荷を低減することで、腰痛を引き起こすリスクを減らします。これまで通りの介護を楽に行うことができ、支えられる側だけでなく、支える側も支援します。
（サイバーダイン株式会社ホームページより抜粋）

スライド17　福祉機器の利用

床走行式リフト

スタンディングリフト
出典：アイ・ソネックス株式会社

利用者を介助する時、「どのような姿勢をとるか」「どのような動作をするか」も腰痛と関連の深い要因といえます。（→**スライド18**）

学習のまとめ

スライド18 作業姿勢

最大に腰椎が反った状態から少し戻し、前弯が残っている状態を保つ

中腰で抱えると腰痛の原因になる

出典:厚生労働省資料に基づき作成

　床から物を持ち上げる時、身体をひねった時、くしゃみをした時に「ぎくっ」と腰が痛むことがあります。これが「ぎっくり腰」と呼ばれる腰椎ねんざです。身体が動かせないようであれば、横向きか上向きで膝を曲げて、エビのような姿勢で横になると楽になります。

② **健康管理**

　労働安全衛生法に基づき、労働者の健康状態の把握のため、一般健康診断の受診を定め、その結果に基づく事後措置や保健指導の実施が必要とされています。また、介護作業など腰部に著しい負担のかかる作業に常時従事する労働者に対しては、腰痛の健康診断（特殊健康診断）を実施します。さらに、健康確保の観点から作業前の体操や常時のストレッチなどの実施を推奨しています。これを行うことで、ぎっくり腰の予防になります。（→**スライド19**）

スライド19 ストレッチ・腰痛体操

ストレッチ　　　　　腰痛体操

大腿前面（太もも前側）のストレッチング

下腿後面（ふくらはぎ）のストレッチング

※20～30秒間姿勢を維持し、
　左右それぞれ1～3回伸ばします

あごは引く

ゆっくり
起こす
45度

引きつけて
キープ

出典:厚生労働省資料に基づき作成

学習のまとめ

⑵　**介護者の感染予防**

　これまで述べてきたように、介護職は身体が資本です。日頃の体調管理には気をつけておきたいものです。中でも特に気をつけておきたいのが、感染症や風邪などの予防です。日頃健康体である私たちは、知らない間に風邪などに感染している場合があります。そのウイルスや細菌を免疫力が低下した高齢者に移してしまうことがあるので、注意しましょう。(→**スライド20**)

スライド20　不顕性感染

> 微生物（ウイルス）などに感染しても
> 定形的な臨床症状を示さず、
> 健康にみえる場合をいう
>
> ノロウイルス
>
> 発症
> せず　　発症　　発症
>
> 不顕性感染

その予防のためには、「予防接種」という方法があります。
(→**スライド21・22**)

スライド21 介護職員の健康管理の具体的な方法

ワクチンの接種
インフルエンザワクチン

ワクチンの理論
予防のためワクチン接種
外部からのウイルスを攻撃する抗体(免疫)ができる

実際にウイルスに感染!
すでにできた抗体がウイルスを攻撃する

> 2週間くらいたってから効果が現れ、4か月～半年効果が持続する

スライド22 介護者の健康管理と介護の質

・ やりがいの大きい仕事である一方で、
　肉体的にも精神的にも負担が大きい
・ 介護者自身が寝不足、疲労感が強いなど
　心身が落ち着いた状態でなければ、
　判断力が鈍ったり、集中力に欠けてしまう
・ 上記の事柄により、介護の質を左右することが
　理解できる

　　介護者の健康管理は介護の質に直結する

学習のまとめ

≪日本介護福祉士会倫理綱領≫

日本介護福祉士会倫理綱領
1995年11月17日宣言

1．利用者本位、自立支援

　　介護福祉士はすべての人々の基本的人権を擁護し、一人ひとりの住民が心豊かな暮らしと老後が送れるよう利用者本位の立場から自己決定を最大限尊重し、自立に向けた介護福祉サービスを提供していきます。

2．専門的サービスの提供

　　介護福祉士は、常に専門的知識・技術の研鑽に励むとともに、豊かな感性と的確な判断力を培い、深い洞察力をもって専門的サービスの提供に努めます。また、介護福祉士は、介護福祉サービスの質的向上に努め、自己の実施した介護福祉サービスについては、常に専門職としての責任を負います。

3．プライバシーの保護

　　介護福祉士は、プライバシーを保護するため、職務上知り得た個人の情報を守ります。

4．総合的サービスの提供と積極的な連携、協力

　　介護福祉士は、利用者に最適なサービスを総合的に提供していくため、福祉、医療、保健その他関連する業務に従事する者と積極的な連携を図り、協力して行動します。

5．利用者ニーズの代弁

　　介護福祉士は、暮らしを支える視点から利用者の真のニーズを受けとめ、それを代弁していくことも重要な役割であると確認したうえで、考え、行動します。

6．地域福祉の推進

　　介護福祉士は、地域において生じる介護問題を解決していくために、専門職として常に積極的な態度で住民と接し、介護問題に対する深い理解が得られるよう努めるとともに、その介護力の強化に協力していきます。

7．後継者の育成

　　介護福祉士は、すべての人々が将来にわたり安心して質の高い介護を受ける権利を享受できるよう、介護福祉士に関する教育水準の向上と後継者の育成に力を注ぎます。

学習のまとめ

≪　献≫
29年簡易生命表の概況/厚生労働省
　齢者の生活環境/平成28年版高齢社会白書/内閣府
合計特殊出生率について/厚生労働省
「『動かない』と人は病む・生活不活発病とは何か」
　　　　　　　　　　　　　　　著者：大川弥生、講談社
介護保険と福祉用具/一般社団法人全国福祉用具専門相談員協会
「よくわかる『脳』の基本としくみ」
　　　　　　　　　　監修：斉藤和邦、株式会社秀和システム
「老化と寿命のしくみ」　著者：米井嘉一、株式会社日本実業出版社
「からだのしくみ大全」　監修：伊藤善也、永岡書店
「老年医学テキスト」
　　　　編集：社団法人日本老年医学会、株式会社メジカルビュー社
介護高齢者福祉/厚生労働省
「新・介護福祉士養成講座　発達と老化の理解」
　　　編集：介護福祉士養成講座編集委員会、中央法規出版株式会社
「新・介護福祉士養成講座　生活支援技術ⅠⅡⅢ」
　　　編集：介護福祉士養成講座編集委員会、中央法規出版株式会社
「最新 介護福祉全書　こころとからだのしくみ」
　　　　　　編集：小板橋喜久代、メヂカルフレンド社
「最新 介護福祉全書　障害の理解」
　　　　　　編集：谷口　敏代、メヂカルフレンド社

◆編著者プロフィール

木村 久枝 ： 一般社団法人 介護福祉指導教育推進機構 理事

前 松本短期大学 教授

「介護に関する入門的研修」テキスト

はじめての介護入門　研修テキスト ［受講者用］

2020年6月25日　初版発行

編　著　　木村　久枝

発行者　　上條　章雄

発行所　　厚有出版株式会社

　　　　　〒106-0041　東京都港区麻布台1-11-10 日総第22ビル7階

　　　　　TEL.03－6441－0389　FAX.03－6441－0388

　　　　　©Koyu Publishing CO.,Ltd. 2020 Printed in Japan

　　　　　ISBN978-4-906618-92-7

　　　　　乱丁・落丁本はお取り替えいたします。

　　　　　本書の無断転載・複製を禁じます。